Dein Tantra-Weg

Wegweiser für
deine Tantra-Reise

Inanna Ling

Tantra ist die Physik der Sexualität

Bibliografische Information der Deutschen Nationalbibliothek:
Die Deutsche Nationalbibliothek verzeichnet diese Publikation in der Deutschen Nationalbibliografie; detaillierte bibliografische Daten sind im Internet über http://dnb.dnb.de abrufbar.

Buchreihe „Sexuelle Freiheit“
Erstauflage Juli 2024
3. Band „Dein Tantra-Weg“

Lektorat: "Lektorat ist sexy“ / www.lektorat-ist-sexy.de
Bild Umschlag © Inanna Ling
Zeichnungen von Inanna Ling, generiert mit Chat GPT und von Inanna Ling nachbearbeitet.

Herstellung und Verlag: BoD – Books on Demand, Norderstedt

ISBN: 9783759750952

Inhaltsverzeichnis

Vorwort

Wenn du das erste Mal von Tantra hörst, klingt es fast so geheimnisvoll wie das Rezept von Großmutters legendären Apfelkuchen. Für viele ist es ein völlig unbekanntes Terrain, umgeben von Neugier und mit einem Fragezeichen versehen. Vielleicht hat jemand deine Aufmerksamkeit für Tantra geweckt, weil du auf der Suche nach etwas Neuem, gar Transformierendem warst. Oder vielleicht bist du zufällig darauf gestoßen und fragst dich jetzt: „Was ist das überhaupt und womit kann man es vernaschen?“

Viele Menschen assoziieren Tantra ausschließlich mit Tantramassagen oder rein sexuellen oder esoterischen Techniken, dabei umfasst Tantra weit mehr als nur diese Aspekte.

In diesem Buch möchte ich die häufigsten Fragen beantworten – kurz und prägnant –, die mir in meinen Livestreams von Zuschauern gestellt worden sind.

Dieses Buch ist für absolute Anfänger konzipiert.

Es ist **<u>nicht</u>** mein Ziel, dir in diesem Buch die gesamte tantrische Lehre zu vermitteln – das wäre so, als wollte ich dir in fünf Minuten das Jonglieren beibringen.

Stattdessen möchte ich deine Neugier wecken und dich dazu ermutigen, dich auf die Suche nach ***deinem*** Tantra zu begeben und gleichzeitig ein Auge auf mögliche Risiken und Nebenwirkungen zu werfen.

Wie findest du einen passenden Lehrer und worauf sollst du dabei achten? Welche Stolpersteine könnten dir auf dem Weg begegnen und welchen Ablenkungen könntest du ausgesetzt sein?

Ich erläutere, was die Kernaussage des Tantra ist, die von verschiedenen Lehrern anders interpretiert wird. Es ist ähnlich wie mit dem Physikunterricht in der Schule – jeder Lehrer erklärt anders, aber alle sprechen über dieselben Gesetze.

Ich habe für dich die Essenz des Tantra zusammengefasst, um dir deinen Weg zu erleichtern. Denn wenn du den Kern, das Ziel sowie den Nutzen kennst, fällt dir das Überwinden von Hindernissen leichter.

Einige der Texte, die ich hier verwende, sind Übersetzungen aus dem Sanskrit, die in eine verständliche Form gebracht wurden. Diese

Texte habe ich von meinem Tantralehrer erhalten. Es handelt sich dabei nicht um meine eigenen Worte, sondern um Inhalte aus einer authentischen tantrischen Quelle in Indien, nach deren Regeln ich auch gelernt habe. So stammen zum Beispiel die Erklärungen darüber, was ein Tantriker ist, direkt aus dieser Quelle.

Schnall dich an und genieße die Fahrt – willkommen auf deiner ersten tantrischen Reise!

KAPITEL 1

Grundlagen des Tantra

Was ist Tantra eigentlich?

Tantra ist die Physik der Sexualität und des Bewusstseins

Stell dir Tantra wie die Spielregeln der Sexualität vor, aber auch wie eine Art Freiheitsphilosophie. Es geht nicht nur um das, was im Bett passiert, sondern um deinen gesamten Lifestyle.

Zum Beispiel: Ein Tantriker betrachtet Sex nicht nur als körperliche Erfahrung, sondern auch als eine Möglichkeit zur spirituellen Entwicklung und tieferen Verbindung mit dem Partner. Im Gegensatz dazu sieht ein Durchschnittsmensch in unserer Gesellschaft Sex oft als eine rein körperliche, lustbetonte Aktivität ohne die spirituelle Dimension.

Um die Philosophie des Tantra besser zu begreifen, ziehe ich für dich einen Vergleich zwischen einem Tantrikern und einem Durchschnittsmenschen. Wenn du dich in einigen Punkten wiedererkennst, herzlichen Glückwunsch – du bist auf dem richtigen Weg! Mein Lehrer sagte mir damals, ich sei eine Naturtantrikerin. Ich lebte die Tantra-Philosophie, ohne das Wort Tantra zu kennen. Vielleicht trifft das auch auf dich zu?

Ein Tantriker ist in allen Lebenssphären (finanziell, geistig und emotional) unabhängig vom Partner, verbindet sich jedoch mit diesem zur gegenseitigen Bereicherung. Er ist fähig, sich auch mit anderen Personen zu verbinden, solange diese die passenden Fähigkeiten besitzen.

In unserer Gesellschaft wird Treue oft großgeschrieben und mit Besitzanspruch und Abhängigkeit gleichgesetzt.

Viele können nicht ohne, aber auch nicht miteinander leben. So führen viele Paare eine Beziehung, die von Lügen, Konflikten und einer nur nach außen hin präsentierten Scheinliebe geprägt ist. Treue wird oft nach außen hin demonstriert, während Untreue in vielen Beziehungen praktiziert wird, in der Hoffnung, nicht entdeckt zu werden.

Ein Tantriker hat ein gesundes Ego.

In der Gesellschaft wird das Ego oft negativ gesehen. Im Tantra bezieht sich das Ego auf all unsere Reflexe und tierischen Triebe, die zur Selbsterhaltung und Selbstbehauptung dienen, wie Essen, Trinken, Schlafen, Geschlechtsverkehr und Machtausübung. Diese Triebe sollen angenommen und anerkannt werden, bevor sie durch die entsprechende Reife der Selbsterkennung von selbst abfallen.

Ein krankes Ego zeigt sich in extremer Selbstbezogenheit und Narzissmus, neigt zur Abwertung anderer und reagiert überempfindlich auf Kritik sowie wahrgenommene Bedrohungen des eigenen Status.

Ein gesundes Ego zeichnet sich durch Selbstbewusstsein aus, ohne dabei egozentrisch zu sein. Es ermöglicht eine realistische Selbsteinschätzung, fördert Empathie und Verständnis für andere und reagiert angemessen und reflektiert auf Kritik.

Ein gesundes Ego erlaubt es, eigene Stärken und Schwächen zu akzeptieren und konstruktiv mit Herausforderungen umzugehen.

Ein Tantriker kann seine Triebe nur deshalb gut kontrollieren, weil er sie angenommen hat und gelernt hat, sie für sich arbeiten zu lassen.
Er kann damit jeder Verführung im Leben, sei es Geld, Sex oder Macht, leicht widerstehen, um sich nicht in eine Abhängigkeit zu begeben.
Ein Tantriker ist dadurch frei. Er kann sein Verlangen gut kontrollieren und lässt die Menschen neben sich wohl und sicher, aber dennoch frei fühlen. Das schafft ein großes Vertrauen.

Eine tantrische Familie ist eine *HUG-Familie*.
Die Mitglieder umarmen sich bei jeder Gelegenheit.
Die Umarmung ist ein fester Bestandteil ihres Lebens und Alltags. Und wann hast du das letzte Mal ein Familienmitglied umarmt?

Ein Tantriker kann nicht nur Sex, sondern auch das Leben in jeder Hinsicht frei genießen, egal, was auf ihn zukommt. Er übernimmt vollständige

Eigenverantwortung und gibt niemals anderen die Schuld. Ständiges Reflektieren ermöglicht ihm, aus jeder Situation entweder eine Lehre zu ziehen oder sich auf die nächste Lektion vorzubereiten, bis eine Lehre daraus gewonnen wird. Dies nennt man das Prinzip der Doppel-L: Lehre oder Lektion.

Ein Tantriker ist an keinen bestimmten Glauben gebunden, doch steht es ihm frei, jeder Religion nachzugehen. Auch hier spielt die Selbstreflexion eine entscheidende Rolle.

Ein Tantriker ist kein blinder Gläubiger. Er gleicht einem Naturwissenschaftler, der sein Wissen nutzt, um zu experimentieren und dadurch sich selbst sowie seine Umgebung weiterzuentwickeln. Er erforscht seinen Körper, seine Gedanken (Geist), seine Emotionen (Seele) und seine Sexualität. Er lebt sie ständig aus.

Weisheit entsteht aus ausgewerteter Erfahrung, Verwirklichung ist die gelebte Weisheit.

Tantra prangert Scheinheilige und Selbstgefällige, Besserwisser und Pharisäer an.

Schlimmer als die Dummheit ist die hinter Klugheit versteckte Dummheit.

Ein Tantriker sagt: „Das hier ist mein Wissen und meine Erfahrung. Wenn deine Erfahrung eine andere war, ist sie für dich genauso richtig, solange du daraus etwas gelernt hast. Teile sie mit uns oder lebe sie auf deine eigene Art und Weise."

Deshalb sollte man sich nicht starr an alte Lehren klammern. Entwicklung und Anpassung an die Zeit sind in der tantrischen Philosophie wesentliche Bestandteile. Daher ist auch Neo-Tantra ein Teil von Tantra. **Starres Festhalten widerspricht den tantrischen Prinzipien.** Tantra fördert vielmehr die Nutzung alten Wissens, um es weiterzuentwickeln.

Missverständnisse und moderne Auffassungen

Missverständnisse, die derzeit im Umlauf sind, betreffen häufig Menschen, die ohne tiefere

Kenntnis versuchen, Tantra zu lehren, obwohl sie selbst keine fundierte Ausbildung darin erhalten haben. Ein weiteres großes Missverständnis ist die Annahme, Neo-Tantra sei kein echtes Tantra. Diese beiden Missverständnisse ergänzen sich: Wenn jemand ohne ausreichendes Wissen Tantra lehrt, wird Neo-Tantra fälschlicherweise als falsche Form von Tantra betrachtet. Umgekehrt wird Neo-Tantra, das an unseren Lebensstil und unser Lebenstempo von kundigen Lehrern angepasst ist, umso wertvoller.

Tantra vereint unseren Körper, unsere Triebe und unseren Geist, was unserer Seele die erforderliche emotionale Tiefe verleiht. Nach einer tantrischen Erfahrung fühlt man sich befreit, als könnte man die ganze Welt umarmen, und wird von neuen, kreativen Gedanken erfüllt, die mühelos entstehen.

So wird beispielsweise das sexuelle Erlebnis zu etwas, das weit über den bloßen Geschlechtsverkehr hinausgeht.

Hierdurch schließt sich der Kreis: Wir erweitern unser Wissen, wollen mehr erfahren und ausprobieren. Plötzlich erkennen wir, dass das Leben und die Welt uns mehr zu bieten haben als nur Kinder, Küche, Kirche und Geschlechtsverkehr auf einer rein triebgesteuerten Ebene – „Licht aus, rauf, rein, runter, raus“. Dafür benötigen wir keine vorgefertigte Lehre.

Tantra ähnelt dem Prozess, ein wildes Pferd zu zähmen: Einmal gemeistert, wird es zu einem treuen Gefährten und Wegweiser in unberührter Natur. Man könnte argumentieren, dass in der städtischen Welt kein Bedarf für Pferde bestehe. Wir haben Autos, Busse und Fahrräder, moderne Fortbewegungsmittel, die aus wissenschaftlichen Erkenntnissen in unserem Alltag hervorgegangen sind. Ähnlich verhält es sich mit unserer Sexualität: Wir alle haben das Gehen gelernt, doch die Welt, die wir auf diese Weise entdecken, ist nur ein kleiner Ausschnitt dessen, was möglich ist. Wenn wir uns anderer Fortbewegungsmittel bedienen, eröffnen sich uns weitreichende und faszinierende Perspektiven.

Unsere instinktiven Handlungen beim Sex gleichen dem Gehen – sie sind natürlich, aber begrenzt. Um die wahre Vielfalt und Tiefe der Sexualität zu erleben – und ich spreche hier nicht nur von Geschlechtsverkehr –, lohnt es sich, in bewährte Praktiken wie Tantra einzutauchen.

Tantra beleuchtet die Entstehung unserer sexuellen Energie, ihre Funktionen und ihren weitreichenden Einfluss – auf unseren Körper, unsere Gesundheit, unsere soziale Umgebung und sogar auf politische sowie historische Ereignisse.

Sexuell unzufriedene Politiker und Diktatoren können die Welt in Krisen stürzen. Mit ihrer Macht mögen sie zwar körperlichen Genuss oder Sex erlangen, doch Geist und Seele bleiben unbefriedigt. Dies führt zu Abhängigkeiten und Süchten, die Kriege auslösen können.

Kennst du jemanden, der glücklich und gierig zugleich ist? Gier ist ein klares Anzeichen von Mangel und Unglück. Häufig findet sie ihren Ursprung in sexueller Gier und äußert sich dann in unserem Verhalten und Handeln.

Meine Reise zu Tantra begann mit einer Umarmung

Mein Weg zu Tantra begann unerwartet und fast schon filmreif mit einer zufälligen Umarmung.

Nach einer schmerzhaften Scheidung zog ich in eine neue Wohnung, eine leere Leinwand meines neuen Lebens. Sie sollte frei von allen Erinnerungen an meine Vergangenheit sein.

In dieser Zeit der Veränderung wurde mein Makler, ein beeindruckend großer Mann mit einer Ruhe spendenden Stimme, zu einer wichtigen Stütze. Unsere Gespräche streckten sich oft weit über die Immobilien hinaus, hin zur Kunst, Lebenssinn und zu den Wirrungen des Daseins.

Als ich mich entschieden hatte, auszuziehen, war er der Erste, den ich kontaktierte. Das Schicksal schien seine Hände im Spiel zu haben, denn er hatte genau die richtige Wohnung für mich, die noch nicht einmal öffentlich gelistet war. Es war ein verstecktes Juwel: ein Dachgeschoss mit einer umwerfenden Aussicht auf die Sächsische Schweiz und einem Kamin, veredelt von einem Hauch von Romantik. Die

Wohnung hatte eine Seele und ich verliebte mich sofort in sie.

Doch mit dem Einzug kamen auch Herausforderungen. Ich hatte weder Werkzeug noch Erfahrung, um die notwendigen Reparaturen und Anpassungen vorzunehmen. Der Makler bot seine Hilfe an und kam eines Nachmittags vorbei. Es war eine merkwürdige Szene: Er, ein Riese von einem Mann, stand auf einem wackeligen Stuhl, während ich ihn festhielt, um sicherzustellen, dass er nicht fiel. Wir lachten über die Absurdität der Situation, und als er fertig war, reichte er mir die Bohrmaschine nach unten, bevor er vorsichtig vom Stuhl stieg.

In diesem Moment passierte etwas Unerwartetes. Unsere Blicke trafen sich und eine seltsame, aber angenehme Spannung baute sich auf. Es war mehr als nur Dankbarkeit oder Erleichterung; es war eine tiefe, unerklärliche Verbindung. Wir standen uns nah, unsere Hände berührten sich, und es fühlte sich an, als ob die Zeit stillstand. Wir bewegten uns wie in Trance ins Wohnzimmer, wo meine Matratze auf dem Boden lag, mein vorübergehendes Bett.

Die Stimmung war elektrisch, geladen mit einer Energie, die ich nicht erklären konnte.

Unsere Körper reagierten aufeinander, als wären sie von einer unsichtbaren Kraft gelenkt. In diesem Moment verstand ich nicht, was geschah, aber es fühlte sich unglaublich an – ein Wirbelwind der Gefühle und Sensationen, der alles übertraf, was ich bis dahin erlebt hatte.

Seine Hände fühlten sich an wie meine eigenen. Es war, als würden wir in einer unsichtbaren Blase über dem Boden schweben.

Ich richtete meinen Blick auf unsere Füße, um die vermeintliche Abhebung zu überprüfen: Wir standen fest auf dem Boden. Doch das Schwebegefühl blieb.

Ich gab mich dem Fluss dieser Energie hin und dachte, dass ich mir morgen über meinen psychischen Zustand Gedanken machen würde. Heute wollte ich den Moment genießen. Der Höhepunkt war eine orgasmische Explosion im Kopf und Körper, die alles in den Schatten stellte, was ich jemals erlebt hatte. Als wir nebeneinander auf der Matratze lagen, nachdem alles vorbei war, fragte er mich vorsichtig, ob ich dasselbe gefühlt habe.
Er beschrieb genau das, was auch ich erlebt

hatte, als könnte er in meinen Kopf sehen.
In diesem Moment wurde mir klar, dass dies kein gewöhnliches Erlebnis war, sondern etwas viel Tieferes, etwas, das weit über die Grenzen des Gewöhnlichen hinausging.

Getrieben von dieser sensationellen Erfahrung begann ich, nach Antworten zu suchen.
Ein Nachbar empfahl mir ein Buch über Tantra und plötzlich fügten sich die Puzzleteile zusammen. Das, was wir erlebt hatten, schien in den tantrischen Lehren verankert zu sein.

Es war der Beginn einer faszinierenden Reise – einer Reise in die Welt des Tantra, die mein Verständnis von Intimität, Verbundenheit und Spiritualität für immer verändern sollte.

KAPITEL 2

Tantra im Alltag

Warum benötige ich Tantra?

Bevor wir uns dieser Frage widmen, sollten wir uns anschauen, was dich zu diesem Buch geführt hat. Was hat dich dazu bewogen, dich für dieses Thema zu öffnen? Steht hinter deinem Interesse ein konkretes Problem, das du lösen möchtest, oder der Wunsch, deinen Horizont zu erweitern, weil du das Gefühl hast, in deinem Leben an eine Grenze gestoßen zu sein? Oder wurde deine Neugier durch ein unerklärliches, wundervolles sexuelles Erlebnis geweckt?

Es ist nicht nur eine Praxis, die sich auf die sexuelle Energie konzentriert, sondern eine umfassende Lebensphilosophie, die unsere Wahrnehmung der Welt und unserer Beziehungen zu anderen Menschen verändern kann.

Es geht um mehr als nur um körperliche Intimität; Tantra lehrt uns, die Verbindung zwischen emotionaler Tiefe und körperlichem Ausdruck zu verstehen und zu ehren.

Tantra bietet eine tiefgehende Perspektive auf die Verbindung zwischen Körper, Geist und Seele.

Die Tantra-Lehre schreibt dir nicht vor, wie du deinen Alltag gestalten sollst; sie bietet dir ein System, in dem du deinen Alltag selbst im Einklang mit deiner Persönlichkeit gestalten kannst. Ich vergleiche diesen Vorgang gerne mit Physik.

Wenn man die Gesetze der Aerodynamik versteht und weiß, wie man sie anwendet, kann ein Kind ein Papierflugzeug durch Versuch und Irrtum so lange falten, bis es eine optimale Flugbahn erreicht, je nachdem, ob das Ziel des Flugzeugs auf Geschwindigkeit oder Flugweite ausgerichtet ist. Ein Erwachsener könnte hingegen aufgrund seines Wissens ein Flugzeugmodell entwerfen, das die Schwerkraft nicht nur leicht überwindet, sondern diese sogar zu seinem Vorteil nutzt, und das oft ohne ein physisches Modell und unter Vermeidung vieler Fehler.

Ähnlich verhält es sich mit unserer Sexualität: Auch hier können Versuch und Irrtum folgenreich sein, insbesondere wenn die ersten Fehler gesundheitliche Konsequenzen nach sich ziehen oder zu unerwünschten Ergebnissen führen. Das Wissen über die biologischen Funktionen unseres Körpers, die logische Erklärung der Notwendigkeit der Nutzung eines Kondoms oder die emotionalen Folgen eines missglückten Versuchs sind überlebenswichtig.

In entwickelten Ländern übernehmen Schulen zunehmend die Aufgabe, über die biologische Funktionalität und die Konsequenzen unbedachten und ungeschützten Geschlechtsverkehrs aufzuklären. Dennoch wird der emotionale Aspekt unserer Sexualität in Verbindung mit unserem Körper nach wie vor zu wenig thematisiert. Dieser emotionale Teil unserer Sexualität kann jedoch die Psyche blockieren und tiefe Widerstände sowie depressive oder aggressive Stimmungen erzeugen, die Psychologen dann mühsam entwirren müssen.

Übertragen auf Tantra bedeutet dies: Wenn ich weiß, wie ich sexuelle Energie in meinem Körper oder bei meinem Partner aktivieren kann – sei es durch Beobachtung oder Wissen –, kann ich unsere Verschmelzung gezielt anleiten und unser Sexerlebnis länger und intensiver gestalten. Bitte verwechsle dies nicht damit, am Körper herumzunesteln und zu glauben, dass dies automatisch Erregung hervorruft.

Tantra gibt dir die Möglichkeit, zu beobachten und unter Kontrolle deiner eigenen Triebe eine Verbindung mit deinem Partner einzugehen. Wie eben das Gefühl, das mich zum Tantra führte.

In unserer modernen Welt, in der sexuelle Gier und oberflächliche Beziehungen vorherrschen, bietet Tantra einen Kontrapunkt. Es zeigt, dass wahre Befriedigung und Glück nicht durch das ständige Streben nach mehr, sondern durch das tiefe Verständnis und die Annahme unserer Bedürfnisse und Wünsche erreicht werden. Tantra lehrt uns, wie wir unsere Triebe erkennen, annehmen und in einer Art und Weise nutzen können, die nicht nur uns selbst, sondern auch die Menschen um uns herum bereichert.

Die Praxis des Tantra kann auch einen Weg bieten, um mit alltäglichen Herausforderungen umzugehen. Ob es um Stressbewältigung, die Verbesserung von Beziehungen oder die Vertiefung der eigenen spirituellen Praxis geht, Tantra hält Werkzeuge und Einsichten bereit, die uns helfen können, ein erfülltes Leben zu führen. Es geht darum, ein Gleichgewicht zwischen Geben und Empfangen zu finden, unsere eigene Kraft zu erkennen und zu nutzen, und dadurch zu einem tieferen Verständnis unseres Selbst und unserer Rolle in der Welt zu gelangen.

In der Tantra-Lehre finden wir daher nicht nur eine Anleitung für ein erfülltes Sexualleben, sondern auch Weisheiten, die uns in vielen anderen Lebensbereichen unterstützen können. Vom Umgang mit unseren Emotionen bis hin zur Entwicklung von Mitgefühl und Verständnis für andere birgt Tantra einen reichen Schatz an Erkenntnissen, der unser Leben auf vielfältige Weise bereichern kann.

Die Entscheidung, sich auf den tantrischen Weg zu begeben, ist somit mehr als nur eine Suche nach neuen sexuellen Erfahrungen.

Es ist eine Einladung, unser Leben in seiner Gesamtheit zu betrachten, unsere Beziehungen zu vertiefen und ein ganzheitliches Verständnis für uns selbst und die Welt um uns herum zu entwickeln. Tantra ist eine Reise zur Selbstentdeckung und zur Entdeckung des Potenzials, das in jedem von uns steckt.

Wie beeinflusst Tantra dein Leben?

Tantra kann dein Leben auf vielfältige und tiefgreifende Weise beeinflussen. Oft beginnt dieser Einfluss mit einer Revision deines Lebens. Du könntest dich dabei ertappen, wie du das überdenkst, was deine persönliche Entwicklung bremst, und dich entscheiden, unnötige Lasten abzuwerfen.

Es könnte sein, dass du eine Trennung von deinem Partner in Erwägung ziehst. Oder im Gegenteil: Ihr beschreitet gemeinsam einen neuen Weg. Tantra kann auch dazu führen, dass du neue sexuelle Vorlieben entdeckst oder eine Anziehung zu gleichgeschlechtlichen Menschen erkennst, die du bislang unterdrückt hast.

In deinem Berufsleben könnte Tantra ebenfalls eine Rolle spielen. Du könntest den Mut finden, deinen Job zu kündigen, wenn er nicht mehr zu dir passt, oder deinem Chef gegenüber neue Bedingungen zu stellen, die deine Bedürfnisse und Wünsche widerspiegeln.

Der Wunsch nach mehreren sexuellen Partnern könnte aufkommen, und du könntest dich entscheiden, dies entweder mit deinem Partner oder auf eigene Faust zu erforschen.

Eines ist sicher: Tantra wird dein Leben umkrempeln und deine Werte und Ziele neu ausrichten. Doch nur wenn du bereit bist, dich deinen Ängsten zu stellen und dein bestehendes Sicherheitskonzept zu überwinden, bist du wirklich bereit für den tantrischen Weg. Tantra erfordert Offenheit, Mut und die Bereitschaft, tief in dich hineinzuschauen und Veränderungen zu akzeptieren.

Durch Tantra entwickelst du eine tiefere Verbindung zu dir selbst und zu anderen Menschen. Du lernst, deine Gefühle und Bedürfnisse besser zu verstehen und auszudrücken. Dies kann zu einer intensiveren und erfüllteren Beziehung mit deinem Partner führen, aber auch zu einer verbesserten Verbindung mit Freunden, Familie und Kollegen.

Tantra ermutigt dich auch, mehr Bewusstsein in deinen Alltag zu bringen. Ob es um deine Ernährung, deine körperliche Gesundheit oder deine geistige Verfassung geht, Tantra bietet einen ganzheitlichen Ansatz, der alle Aspekte deines Lebens berücksichtigt.

Letztendlich geht es bei Tantra darum, ein Leben zu führen, das von Authentizität, Liebe, tiefer menschlicher Verbindung und Freiheit geprägt ist. Tantra öffnet die Tür zu einer Welt voller neuer Möglichkeiten, Einsichten und umfassender Veränderungen.

Sexualität ist dabei ein zentraler Bestandteil. Denn durch Tantra erkennst du, wie maßgeblich deine sexuelle Energie dein gesamtes Sein und Erleben beeinflusst. Wenn du bereit bist, diesen Schritt zu wagen, kann Tantra ein kraftvolles Werkzeug sein, um dein Leben in eine Richtung zu lenken, die wahrhaftig und erfüllend ist.

Wie Tantra mein Leben veränderte – und rettete

Tantra hat mein Leben im wahrsten Sinne des Wortes gerettet. Mein Lehrer bezeichnete mich als „Naturtantrikerin". Obwohl ich die Tantra-Philosophie schon lebte und ähnliche tantrische Erfahrungen, wie die anfangs beschriebene, mit verschiedenen Menschen durchlebt habe, waren diese Erlebnisse zufällig.

Ich wollte lernen, sie bewusst herbeizuführen. Der Unterschied zu meinem ersten Erlebnis war, dass ich bereits wusste, wie es sich anfühlt, und mich nicht mehr für verrückt hielt, wenn es erneut geschah. Zu Beginn eines jeden solchen Erlebnisses musste ich meinen Partner beruhigen und ermutigte ihn, sich fallen zu lassen und den Moment zu genießen. Ich begann, nach Gemeinsamkeiten zwischen diesen Erlebnissen zu suchen, um sie gezielt initiieren zu können. Im Laufe der Zeit erlernte ich durch Tantra weitere Werkzeuge. Heute bin ich in der Lage, sofort zu erkennen, ob jemand in meiner Nähe geeignet ist, um solche Erlebnisse spontan zu erleben.

An der Stelle möchte ich erzählen, wie Tantra mein Leben veränderte und sogar rettete. Und wie ich später feststellte, war ich kein Einzelfall.

Mein Weg ist nicht dein Weg. Dein Weg könnte ganz anders verlaufen. Doch zusammen werden wir die Gemeinsamkeiten und den Einstieg in die Welt des Tantra aus meiner Erfahrung und langjährigen Beobachtung von Seminarteilnehmern herausfiltern. Dies soll dir Orientierung geben, damit du verstehst, ob du auf dem richtigen Weg bist.

Als ich auf meiner Suche auf mehrere Scharlatane stieß, wäre ich ohne mein Urerlebnis verwirrt gewesen. Schließlich fand ich eine Tantra-Schule, deren Website alles andere als ansprechend war und deren Texte verwirrend erschienen. Ich entfernte mich von der Seite, die mich mit ihrem nicht professionellem Design und überwältigenden Texten abschreckte. Dies erwähne ich, weil wir nicht perfekt sind und lernen müssen, unsere Schwächen durch die Stärken anderer auszugleichen.

Mein Lehrer wollte alles selbst machen; seine Bücher waren schlecht oder gar nicht lektoriert. Doch genau in dieser Schule landete ich nach mehr als fünf gescheiterten Versuchen bei den anderen.

Alles, was ich bis dahin gefunden hatte, waren entweder von ehemaligen Psychologen organisierte Gruppenhypnosen, die als Tantra verkauft wurden, oder esoterische und abstrakte Methoden, die mich vielmehr verwirrten, als dass sie meine Fragen beantworteten. Die faszinierende Welt des Tantra blieb für mich zunächst ein Mysterium, doch Aufgeben war für mich keine Option.

Auf der Suche nach Antworten stößt man oft auf verschiedene Vorschläge. Eines Tages telefonierte ich mit einem Bekannten, der mir sagte: „Ich kenne eine Schule, die deiner Beschreibung und Erwartung entsprechen könnte.“ Er gab mir die Webadresse, und dort war sie wieder – ebenjene Schule, die ich zuvor gesehen und abgelehnt hatte.

„Ach, was soll's?", dachte ich und rief dort an. Am anderen Ende der Leitung hörte ich eine ruhige, sympathische männliche Stimme.

Ich fiel mit der Tür ins Haus. „Ich habe schon viele Schulen ausprobiert, aber nichts hat mich überzeugt", sagte ich. „Was bietet ihr Anderes? Eure Webseite sorgt nur für mehr Verwirrung."

„Komm einfach zum nächsten Einführungsworkshop. Wenn es dir innerhalb von 24 Stunden nicht gefällt, bekommst du dein Geld zurück, abzüglich einer Bearbeitungsgebühr von 50 Euro. Einverstanden?", bat die ruhige Stimme an.

Ich dachte, das wird ein Kinderspiel – sie werden genauso schnell durchfallen wie die anderen. Aber die Herausforderung hatte mich gepackt. Ich schnappte ein paar Sachen und fuhr hin.

Bei der ersten Begegnung mit dem Lehrer, der auffällig gekleidet war, dachte ich: „Wo bin ich hier nur gelandet? Alle wirken so eigenartig." Meine Skepsis wuchs und meine Bereitschaft, das Ganze abzubrechen, stieg. Aber ich hatte 24 Stunden Zeit, um mich zu entscheiden, was mir eine gewisse Sicherheit gab, tiefer einzutauchen.

Die Teilnehmergruppe war bunt durchmischt. Etwa 30 Personen saßen im Kreis, alle schauten einander skeptisch an. Ich schaltete in den Beobachtermodus.

In diesem Modus bin ich meist unansprechbar. Ich verfolge das Geschehen mit, wie eine Filmhandlung, ohne es zu bewerten, und sammle Informationen für spätere Analysen.

Würde ich die Situation direkt analysieren, könnte ich wichtige Details für meine Auswertung verpassen. So nehme ich alles auf wie ein Videogerät und versuche zu spüren, was es mit mir macht, ohne mich von irgendwelchen Emotionen mitreißen zu lassen. Es ist immer wieder spannend, Abstand von sich selbst zu nehmen und die eigenen Emotionen zu beobachten: Ekel, Wut, inneren Widerstand, Neugier oder vielleicht Gleichgültigkeit und Langeweile. Das sind Emotionen, auf die wir normalerweise sofort reagieren. Doch interessanter ist es, sie zu beobachten und, wenn es sich nicht um eine lebensbedrohliche Situation handelt, erst später zu entscheiden, ob und wie man darauf reagiert hätte.

Am ersten Tag, zum Abend hin, gelang es meinem Lehrer, die Gruppe so zu leiten, dass sich ein einzigartiges Gefühl der Verschmelzung einstellte. Bereits beim Abendessen hatten wir alle das Gefühl, als würden wir uns schon lange kennen. Ein Phänomen, das mir damals jede Menge Fragen aufwarf. Heute sehe ich es als eine bewusste Entscheidung und Übungsreihe zur Gruppenverschmelzung vor dem Einstieg in das tantrische Abenteuer. Diese Gruppendynamik und Gruppenenergie haben stets einen bedeutenden Einfluss auf die Wahrnehmung und die Qualität des Seminars. Ich habe dies ausführlich in meinem anderen

Buch „Der tantrische Dreier" beschrieben.
Wer sich für einen tieferen Einblick hinter die Kulissen eines Tantra-Seminars interessiert und Anregungen sucht, findet in diesem Buch weitere wertvolle Informationen.

Am Abend des Seminars stellte ich meinem Lehrer vor allen Teilnehmern provokative Fragen und war von seinen Antworten immer wieder überrascht. Ich blieb länger als die geplanten 24 Stunden – viel länger. Das viertägige Seminar übte auf mich eine befreiende Wirkung aus, obwohl von den versprochenen Werkzeugen noch nicht die Rede war.

Innerlich erleichtert, kehrte ich nach Hause zurück, wo mein nächstes Abenteuer wartete: ein Schnupperkurs im Gleitschirmfliegen. Nachdem ich die Freiheit des Fliegens erlebt hatte, wollte ich eine Ausbildung in einer Gleitschirmschule beginnen. Doch dann rief mein Tantralehrer an und fragte, ob ich eine Tantralehrer-Ausbildung machen möchte.
„Nein, das möchte ich nicht. Ich will keine Tantralehrerin werden", entgegnete ich.
Er erklärte mir die Vorteile der Ausbildung, inklusive des Wissens und der Werkzeuge, die ich erlangen würde. „Tantra kann man nicht in einem Seminar lernen, das ist unmöglich.

Es bedarf einer tieferen Ausbildung", sagte er. Trotzdem wollte ich fliegen. „Fliegen kannst du auch danach", meinte er.

Ich fühlte mich gedrängt, was mich normalerweise abblocken lässt. Als ich erfuhr, dass die Ausbildung 1,5 Jahre dauern und insgesamt mehr als 10 Tausend Euro kosten würde, war ich zunächst abgeschreckt. Mein Lehrer bot mir eine Ratenzahlung an, aber ich hatte weder das Geld noch die Absicht, es dafür auszugeben. Meine Schwester jedoch sah es als eine Gelegenheit: „Du interessierst dich schon seit deinem 16. Lebensjahr für die Sexualität. Vielleicht ist das genau der richtige Weg für dich."

Meine Logik sagte mir: „Du wirst es weder finanziell noch zeitlich schaffen. Deine Firma geht ohne dich unter." Aber ich mein Herz meinte: „Schau es dir an. Dann kannst du immer noch eine Entscheidung treffen."

Also sagte ich zu und begann eine lebensverändernde Reise. Bereits im ersten Teil der Ausbildung lernte ich meinen zukünftigen Mann kennen, ohne zu wissen, dass er es sein würde. Ich bat ihn, mein Übungspartner zu sein. Die Ausbildung brachte intensive

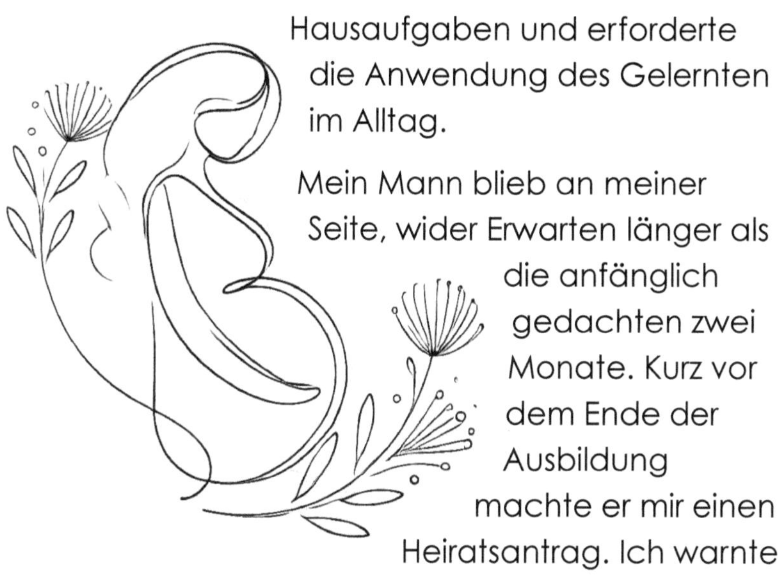

Hausaufgaben und erforderte die Anwendung des Gelernten im Alltag.

Mein Mann blieb an meiner Seite, wider Erwarten länger als die anfänglich gedachten zwei Monate. Kurz vor dem Ende der Ausbildung machte er mir einen Heiratsantrag. Ich warnte ihn, dass das Leben mit mir niemals ruhig sein würde, aber er war bereit für das Abenteuer. Wir begannen, an der Zeugung eines gemeinsamen Kindes zu arbeiten.

Während meiner Ausbildung wurde ich schwanger. Alles war für den Ausbildungsabschluss im Dezember vorbereitet, und wir erwarteten voller Vorfreude die Ankunft unseres Kindes im darauf folgenden Sommer.

Kurz vor der geplanten Reise zu meinem letzten Ausbildungsteil ging ich zu einer Schwangerschaftsuntersuchung, um sicherzustellen, dass alles in Ordnung war.
Der Besuch beim Frauenarzt begann mit guter Laune, doch dann kam der Schock: „Ihr Kind ist

tot“, sagte der Arzt, Ultraschallkopf in der Hand. Ich war fassungslos. Alles war so gut verlaufen, und jetzt diese Nachricht. „Wie tot?“ Ich konnte es nicht glauben.

Wir mussten sofort ins Krankenhaus, um Komplikationen zu vermeiden. Während der Wartezeit im Krankenhaus beobachtete ich meine Emotionen. Trotz des Schocks spürte ich eine seltsame Ruhe in meinem Herzen. „Warum fühle ich nichts?“, fragte ich mich und meinen Mann. „Was bedeutet diese Stille in mir?“ Es war, als ob ich tief in mir wusste, dass dies nicht das Ende, sondern der Beginn von etwas Neuem war.

Die notwendige Prozedur wurde durchgeführt und ich musste eine Woche später zur Nachuntersuchung.

Während der Ultraschalluntersuchung bemerkte der Arzt etwas Unerwartetes. „Ich sehe hier etwas, das ich nicht einordnen kann“, sagte er besorgt. „Wir müssen das sofort abklären.“ Er schickte mich zum Urologen im selben Gebäude.

Beim Urologen folgte eine Blasenspiegelung und dann kam die schockierende Diagnose: „Sie müssen umgehend ins Krankenhaus.

Sie haben Krebs." In einem frühen Stadium entdeckt, musste er sofort operativ entfernt werden. „Krebs, wie kann das sein?", fragte ich, fassungslos.

Der Urologe konnte mir keine Antwort geben, nur dass es ungewöhnlich für mein Alter und schnelles Handeln erforderlich sei.

Nach der Operation und während ich auf die Laborergebnisse wartete, schien alles wie ein Alptraum. Doch dann kam die überraschende Wendung. Der Urologe rief mich zu sich und offenbarte mir: „Ich bin seit über 20 Jahren Arzt und habe selten an Wunder geglaubt. Aber was ich mit Ihnen erlebt habe, lässt mich an etwas Überirdisches denken.
Die Laborergebnisse zeigen, dass Sie die letzte Vorstufe vor dem Krebs hatten. Diese Vorstufe ist so schwer zu erwischen, wir reden von einem Zeitfenster von etwa zwei Wochen. Der Verlust Ihres Kindes mag tragisch sein, aber er hat Ihnen das Leben gerettet. Hätte das Kind weiter in Ihrem Bauch gelebt, wären Sie beide wahrscheinlich innerhalb der nächsten Monate gestorben. Die Schwangerschaftshormone fördern nicht nur das Wachstum des Kindes, sondern hätten auch den Krebs beschleunigt. Ihr verlorenes Kind war wie ein Engel, der genau

im richtigen Moment kam und ging, um uns die Sicht auf den Krebs freizugeben."

Mit Tränen in den Augen stand ich da, unfähig, das Gesagte zu begreifen. „Was ist mein Zweck im Leben, dass ich so knapp dem Tod entkommen bin?", fragte ich mich. Und dann wurde mir klar: Hätte ich mich damals nicht für die Tantra-Ausbildung entschieden, hätte ich meinen Mann nicht getroffen und dieser Engel hätte nie die Gelegenheit gehabt, mein Leben zu retten. Meine Entscheidung, die damals aus dem Herzen heraus entstanden war, hat mein Leben verlängert. Ohne sie hätte es all die Bücher, die ich geschrieben und die vielen wertvollen Seminare, die ich gehalten habe, nicht gegeben. Ich wäre einfach nicht mehr da.

Jeden Tag nutze ich nun voller Dankbarkeit, um sinnerfüllte Dinge zu tun. Auch wenn mein Glaube sich nicht an konventionelle Religionen bindet, respektiere ich jede Glaubensrichtung, solange sie anderen keinen Schaden zufügt und Toleranz gegenüber anderen

Überzeugungen zeigt. In unserer vielfältigen Welt hat jeder das Recht, an das zu glauben, was er für richtig hält – selbst wenn es ein Glaube an einen Stein ist, solange dieser Stein nicht auf jemanden geworfen wird.

Wirkungen auf Gesundheit, Beziehung, Karriere

Fallbeispiele und Erfahrungsberichte

In meinen Seminaren habe ich zahlreiche Beispiele von Teilnehmern erlebt, die bedeutende Wendungen in ihrem Leben und Heilungen im Bereich der Gesundheit erzielt haben. Lass mich einige dieser Fälle erzählen.

Bei einem meiner Seminare meldete sich ein junger Mann an. Um falsche Erwartungen und sexuelle Missverständnisse zu vermeiden, fragen wir vor der Teilnahme nach den Beweggründen für das Seminar. Auf dem Foto wirkte er wie ein gesunder, kräftiger Mensch. Als er jedoch zur Anmeldung erschien, waren mein Team und ich schockiert: Vor uns stand ein ausgemergelter junger Mann, etwa 30 Jahre alt, mit gekrümmter Haltung, der aussah, als bestünde er nur aus Haut und Knochen.

Die erste Frage, die mir durch den Kopf schoss, war: „Wer würde sich bereit erklären, mit ihm zu üben?“ Ich sprach mit meinen Assistenten und bat die weiblichen Teilnehmerinnen, sich in einem Raum zu versammeln. „Ihr habt den jungen Mann gesehen. Ich habe kein Problem

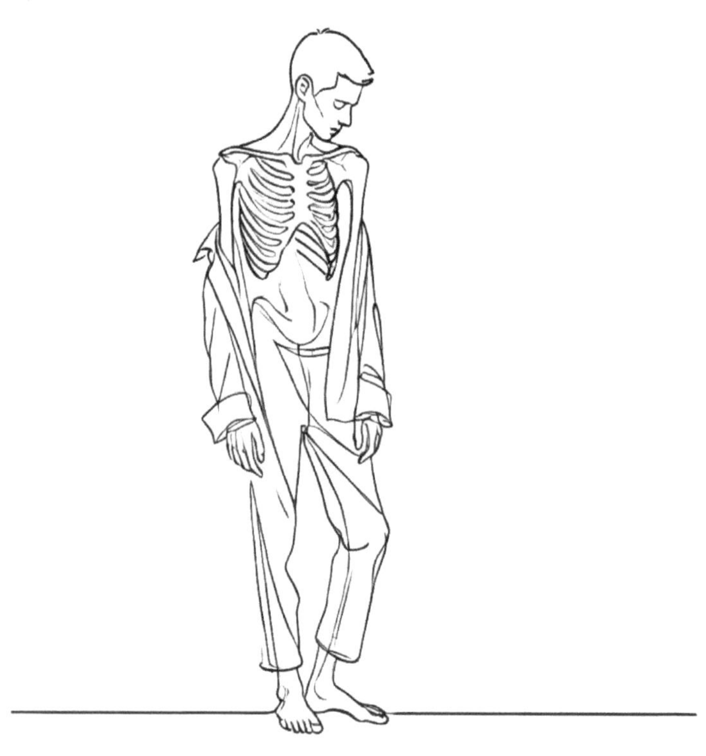

mit seinem Körper, aber viele unserer Übungen beinhalten Paararbeit mit Berührungen. Wer wäre bereit, mit ihm zu üben?“ Zu meiner Überraschung erklärte sich eine Frau dazu bereit.

Bei der ersten Übung, bei der die Männer die Frauen berühren sollten, zitterten die Hände des jungen Mannes. Ich setzte mich ihm gegenüber, nahm seine Hände und sagte: „Stell dir vor, du bist blind und musst ein Wesen vor dir erkunden. Entspanne dich und beginne, wenn du bereit bist." Seine Berührungen waren plötzlich sanft und einfühlsam.

In der Pause erklärte er mir, dass seine zitternden Hände eine Folge von zwei schweren Autounfällen waren. Die Frau, die mit ihm das gesamte Seminar über übte, zeigte echtes Mitgefühl.

Etwa ein Jahr später, während einer Fetischparty, trat plötzlich ein beeindruckend aussehender Mann an mich heran und fragte: „Erkennst du mich nicht wieder?" Ich schüttelte den Kopf. „Ich bin der Mann mit den zitternden Händen von deinem Seminar", offenbarte er.

Ich war verblüfft: Vor mir stand nicht mehr der fragile Jüngling, den ich in Erinnerung hatte, sondern jemand mit einer starken, selbstbewussten Ausstrahlung.

Er erklärte: „Siehst du, was dein Seminar bewirken kann?" Doch ich wusste, es waren nicht einfach die Seminarinhalte, sondern die Veränderungen, die Tantra in ihm hervorgerufen hatte.

„Ich habe mich ursprünglich wegen einer Frau, in die ich verliebt war, für dein Seminar angemeldet. Sie kam jedoch nicht. Trotzdem entschied ich mich, teilzunehmen. Damals ahnte ich nicht, welche Veränderungen auf mich zukommen würden. Als ich bei den Übungen von einer Frau akzeptiert wurde, so wie ich damals war, begann ich, mich auch selbst zu akzeptieren. Die Berührungen waren zwar nicht intim, lösten aber in mir den Wunsch aus, mehr zu erfahren."

Er fuhr fort: „Nach deinem Seminar fing ich an, ins Fitnessstudio zu gehen und Muskeln aufzubauen. Ich spürte den Drang, mich in verschiedene sexuelle Richtungen auszuprobieren und meldete mich für verschiedene Partys an. So kam ich auch zu dieser Fetischparty, hier habe ich auch eine neue Freundin gefunden, die meine Vorlieben teilt. Als ich dich hier sah, wollte ich dir die Auswirkungen zeigen und mich bei dir bedanken."

Diese Begegnung war für mich zutiefst bewegend und bestätigte, warum ich Tantra lehre.

Dieser Fall und viele andere zeigen mir, dass ich meine Mission gefunden habe. Dieses Buch schreibe ich in der Hoffnung, auch dir den Weg zu zeigen.

Und nun ein weiteres Beispiel aus meinem Seminar.

Eine übergewichtige Frau mit kahl rasiertem Kopf meldete sich für mein Tantra-Seminar an. Trotz Skepsis war sie neugierig, wirkte aber zugleich niedergeschlagen. Sie hatte eine Mauer um sich errichtet und schien insgeheim zu hoffen, dass ein *wirklich*

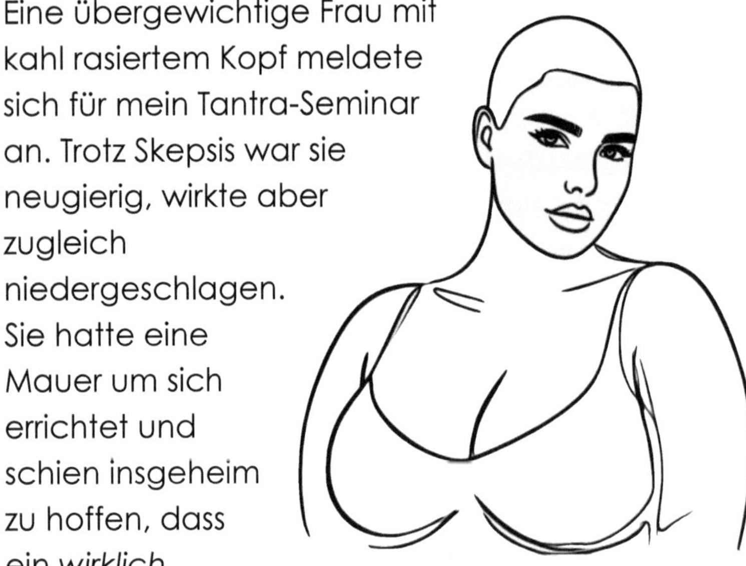

starker Mann diese durchbrechen würde, um sich ihrer würdig zu erweisen.

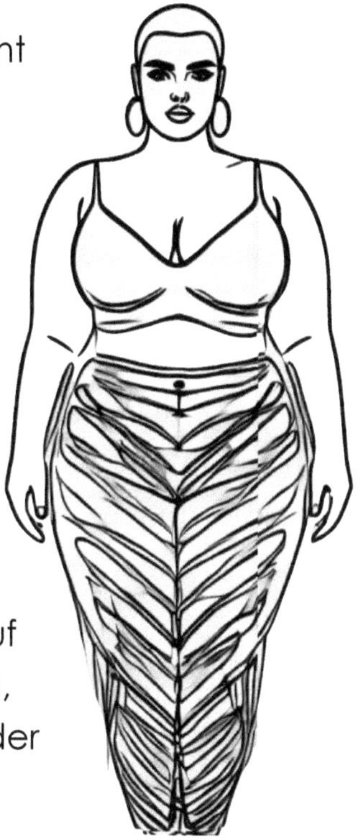

Sie war wie von Stacheldraht umgeben, und ihr Blick schienzu sagen: „Ich töte jeden, der mir zu nahe kommt."

Ich konfrontierte sie direkt mit der Frage, was sie damit bezwecke und warum ein Mann sich die Mühe machen sollte, diese Absperrung zu überwinden. Sie gab an, auf einen *wirklich* starken Mann, einen Eroberer, zu warten, der ihrer würdig sei.

Doch auch wenn er erscheinen würde, warum sollte er versuchen, den Stacheldraht zu durchbrechen, ohne zu wissen, was auf ihn dahinter wartete.

Sie wusste keine Antwort.

Im Laufe des Seminars öffnete sie sich mehr und mehr. Sie lächelte öfter, bewegte sich anders und übte schon bald eine gewisse Anziehungskraft auf die Männer aus.

Bei ihrer erneuten Anmeldung zum nächsten Seminar war ich verblüfft. Vor mir stand eine Frau, die mit strahlendem Selbstbewusstsein und schönen, wohlgeformten Körperrundungen glänzte.

Auf meine Frage, was sie zu einer erneuten Teilnahme bewogen hatte, antwortete sie, dass sie das vorherige Seminar als bereichernd empfunden habe und nun gespannt auf weitere Entdeckungen und Entwicklungen durch Tantra sei. Sie hat angefangen, fantastische Texte zu schreiben. Diese schriftstellerische Fähigkeit war ihr zwar schon zuvor bewusst gewesen, aber sie hat sie nie gewürdigt oder gezielt eingesetzt.

Bin ich bereit für Tantra?

Die Bereitschaft für Tantra beginnt mit einer Offenheit für Selbstexploration und einer Bereitschaft, bestehende Ansichten über Sexualität, Beziehungen und Spiritualität zu hinterfragen. Es erfordert eine emotionale Reife und die Fähigkeit, sich sowohl auf physische als auch auf psychische Prozesse einzulassen. Ein offener Geist und das Interesse an persönlicher Entwicklung sind wichtige Voraussetzungen.

Wann ist Tantra für mich geeignet?

- Wenn ich ein echtes Interesse an meiner persönlichen Entwicklung habe.
- Wenn ich meine Sexualität verstehen und sie positiv ausleben möchte, anstatt sie zu unterdrücken.
- Wenn ich meine Sexualität zur eigenen Heilung nutzen möchte.
- Wenn ich meine Lust und Sexualität in Kreativität umwandeln möchte.
- Wenn ich mein Sexualverhalten, ob es mir als zu wenig oder zu viel erscheint, nicht akzeptieren kann, aber dennoch Hoffnung nicht aufgegeben habe.
- Wenn ich neugierig auf die Transformation bin und erfahren möchte, was alles noch möglich ist.
- Wenn ich ein sehr schönes, unerklärliches sexuelles Erlebnis hatte und dieses gerne wiederholen möchte, aber nicht weiß, wie.
- Wenn ich meine Lust nicht von den anderen abhängig machen möchte, sondern diese selbst kontrollieren und

entscheiden möchte, wem ich sie schenke.

- Wenn ich unabhängig und frei in allen Lebenssituationen sein, und dennoch glücklich bleiben möchte.
- Wenn ich mit meinem Partner nach neuen Wegen suche, unsere Sexualität zu erwecken und zu bereichern.

Wann ist Tantra NICHT für mich geeignet?

- Wenn ich glaube, alles besser zu wissen, ständig kritisiere, aber selbst nicht in der Lage bin, eine eigene Erklärung anzubieten.
- Wenn ich mich hinter Sarkasmus verstecke, weil ich Angst vor Selbstreflexion habe, da diese wehtun könnte.
- Wenn ich Tantra nur zum Zweck der Macht oder Kontrolle über andere erlernen möchte, um damit meine vermeintliche Einzigartigkeit zu unterstreichen.
- Wenn ich nach schnellen Lösungen oder oberflächlichen Erfahrungen suche, ohne

mich auf eine tiefere persönliche Entwicklung einlassen zu wollen.

- Wenn ich nicht bereit bin, meine eigenen Grenzen zu erkunden und eventuell zu erweitern.
- Wenn ich nicht offen für neue Perspektiven und Herangehensweisen bin, die sich von meinen bisherigen Überzeugungen unterscheiden.
- Wenn ich Tantra nur als Mittel zur sexuellen Befriedigung sehe, ohne den ganzheitlichen Aspekt der Lehre zu berücksichtigen.
- Wenn ich mich nicht auf die Möglichkeit einlassen möchte, dass Tantra mein Leben und meine Weltsicht grundlegend verändern könnte.
- Wenn meine Erwartungshaltung mich nicht dazu befähigt, mich auf neue Vorgehensweisen oder Blickwinkel einzulassen.

Wann soll ich beginnen?

Um zu verstehen, wann der richtige Zeitpunkt für den Einstieg ist, möchte ich dir zunächst von meiner Entdeckung der *5 Entwicklungsphasen* berichten, die dir eine bessere Orientierung bieten sollen. Diese Phasen sind darauf ausgerichtet, die Bereitschaft zum Lernen zu überprüfen und damit unsere Entwicklung voranzutreiben. Wir müssen uns fragen: Entwickeln wir uns überhaupt noch? Wenn ja, in welche Richtung – vorwärts oder rückwärts? Oder befinden wir uns gefangen im Selbstmitleid und in der Rolle des Opfers oder Täters, immer auf der Suche nach Schuldigen und Ausreden?

Das Gute daran ist, dass diese Entwicklungsphasen unabhängig von deinem Alter sind und dir einen klaren Überblick darüber geben, wo und womit du beginnen kannst. Ob ein tiefer Befreiungsprozess notwendig ist, ob du es alleine bewältigen kannst oder doch professionelle Hilfe in Anspruch nehmen solltest – sei es ein Psychologe, ein Tantralehrer oder ein anderer geistiger Mentor, der zu dieser Phase passt. Du wirst erkennen, wie sehr du in den Wirrungen deiner Psyche verstrickt bist und welche Kräfte dich daraus befreien könnten. Du wirst in der jeweiligen Phase deine Emotionen und Gefühle aus einem neuen Blickwinkel betrachten und lernen, diese von blockierender zu fördernder Wirkung umzustimmen.

Das Wissen, das ich in diesem Buch teile, repräsentiert lediglich meine persönliche Sicht auf die uns umgebenden Dinge. Durch die tantrische Lehre beginnen wir, scheinbar zufällige Situationen auf eine neue Art zu betrachten, können sie besser verstehen, beschreiben und navigieren – vergleichbar damit, wie wir einen Kreis anders wahrnehmen, sobald wir die entsprechenden Formeln kennen. Wir können uns genauer ausdrücken, zum Beispiel indem wir sagen, der Kreis hat einen Durchmesser von xyz Zentimetern. Ähnlich verhält es sich mit dem Wissen über unsere Emotionen und verschiedenen Entwicklungsphasen.

Zunächst aber eine bemerkenswerte Geschichte über die Entstehung dieser Entwicklungsphasen, die dir möglicherweise einen „Aha“-Effekt bescheren würde.

Das Andro-Seminar im Diamond Lotus Berlin

Als ich das erste Mal Andro für einen Erfahrungsaustausch besuchte und stundenlang mit ihm über Tantra und die Welt sprach, fragte ich ihn, wie er seine Seminare führt, um die Essenz seiner Führung herauszufinden. Denn es ist nicht unbedeutend, welchen Schwerpunkt ein Lehrer bei seinen Seminaren verfolgt. Der eine ist der Befreier, der andere zeigt dir deinen Weg zu dir selbst und der dritte, wie du dein Temperament, deine Lust, steuern kannst. Welche Botschaft er dir auch gibt, du musst sie in der richtigen Lebensphase annehmen, sonst wirst du weder ihn verstehen, noch kannst du das Wissen umsetzen. Du hast das Gefühl, dass der Lehrer spinnt, und der Lehrer denkt: Was machst du hier?

Ich war neugierig auf die bekannte provokative Art von Andros Seminaren. Viele Mythen wurden über diese in Umlauf gebracht: Die Toilettentüren würden abgehängt, der Toilettengang während eines langen Tantra-Rituals würde in demselben Raum in einen Eimer verrichtet, alle schlafen in einem Raum, einem würde ein Übungspartner ohne Widerrede für sexuelle Übungen zugeteilt usw.

Ich fragte ihn, ob das, was die Leute reden, der Wahrheit entspreche? Andro sagte: „Warum soll ich es dir erzählen? Komm einfach zum nächsten Seminar vorbei und erlebe es selbst.“

So habe ich gleich das nächste Seminar, das „Chakrenseminar" hieß, bei ihm gebucht.

Nichts von dem, was die Leute erzählten, ist bei diesem Seminar aufgetreten. Kein Wunder, denn es stellte sich heraus, dass dieses Seminar überwiegend für seine Assistenten gedacht war, dennoch hatten ein paar Leute von außerhalb, wie auch ich, die Ehre, daran teilzunehmen.

Ich grinste, als ich neben Andro 12 weitere Schüler einschließlich seiner Assistenten zählte. Sie kamen mir wie Jesus mit seinen 12 Aposteln vor. Ein Lächeln bildete sich bei diesem Einblick auf meinem Gesicht, und sofort bemerkte ich die ersten bösen Blicke der Teilnehmer: „Warum lächelt sie hier so geheimnisvoll?" Sie konnten meine Gedanken nicht lesen und dachten womöglich, ich würde mich über jemanden lustig machen.

Die Kennenlernrunde begann und jeder sollte sagen, wer er ist und warum er da ist. Ich sagte kurz und knapp, dass ich selbst Seminare gebe und einfach neugierig sei, wie Andro seine Seminare führe. Das habe er mir selbst angeboten, und ich finde es eine gute Idee. Also sei ich hier zwecks Fortbildung und Horizonterweiterung. Ich habe kein Problem, ich wolle nur ein paar Fragen beantwortet bekommen.

Ich dachte, damit wären alle Punkte geklärt, und die Anwesenden würden mir wenig Beachtung schenken. Schließlich hatten sie mit sich selbst genug zu tun. Mein Ziel war nur, zu beobachten und mitzumachen, ohne Wenn und Aber. Völlige Unterwerfung dem anderen Wissen und Blickwinkel gegenüber. Denn wir können nur dann andere verstehen, wenn wir es zulassen, wenn wir es selbst erleben. Ich wollte wissen, was Andros Vorgehensweise bei mir auslösen würde, welche Schwerpunkte er ansprechen und wie er mit einer Gruppe agieren würde. Andro war eine faszinierende Persönlichkeit und eine Legende. Er war ein Tantra-Pionier, der Tantra aus Indien nach Deutschland gebracht hatte und selbst zahlreiche Forschungen in und durch Tantra anleitete.

Über ihn hörte ich: „Andro ist der Gott der Tantramassagen".

Bei diesem Seminar gelangte ich unerwartet zu mehreren neuen Erkenntnissen und eine davon waren die fünf Entwicklungsphasen einer Person. Zuerst kam mir der Gedanke, dass ich nichts Neues entdeckt habe. Einer der

Teilnehmer schlug vor, dass ich mich mithilfe von Google mit den Entwicklungs-Spiralen befassen sollte. Jedoch stieß ich auch nach langer Suche nur auf extrem komplizierte Spiralen, die mehr Verwirrung stifteten, als dass sie Erklärungen boten.

Ich beobachtete sowohl bei meinen als auch bei anderen Tantra-Seminaren in verschiedenen Gruppen die gleichen Phänomene. Es gibt Menschen, die regelmäßig die gleichen

Seminare besuchen, jedoch das Gefühl erwecken, dass sie auf demselben Stand bleiben wie zuvor. Sie hängen in den gleichen Verstrickungen fest und sind verletzlich und verzweifelt. Andere hingegen erleben eine Blamage nach der anderen und kommen dennoch schneller an ihre Ziele. Diese Menschen stellen Fragen und hinterfragen die Dinge, unabhängig davon, wie sie gegenüber anderen dastehen.

Obwohl ich die meiste Zeit schwieg, um meine Beobachtungen aufzuzeichnen, zeigten die Teilnehmer unterschiedliche Reaktionen mir gegenüber. Der eine fühlte sich zu mir hingezogen, während der andere mich als Projektionsfläche seiner Feindbilder ansah. Solche Projektionen kannte ich bereits von früher. Ich fragte mich, warum sie mich nicht in Ruhe lassen wollten. Jeder versuchte, in mir etwas Eigenes zu sehen.

Es sind nicht die Dinge, die um uns herum falsch sind, es sind die Dinge, wie wir sie sehen.

Du begegnest in deinem Leben sicherlich auch ähnlichen Situationen mit Kollegen. Der eine mag dich nicht und der andere scheint nicht genug von dir zu bekommen. Ich habe Dutzende Bücher über Psychologie gelesen und dieses Wissen auch erfolgreich in meinen beiden Firmen angewandt, die ich außerhalb der Inanna-Mission führe.

Damit versuchte ich auch hier, beim Andro-Seminar ein passendes Schema zu finden, um die unterschiedlichen Projektionen auf mich zuzuordnen.

Lässt sich das Verhalten einer Person bestimmten Persönlichkeitstypen zuordnen oder ist es dem Seminarleiter zuzuschreiben? Kein einziges mir bekanntes System konnte meine Fragen zufriedenstellend beantworten. Ich saß da, beobachtete das Geschehen und die unterschiedlichen Reaktionen auf mich, ohne sie zu bewerten. Es war faszinierend zu sehen, wie viel Mühe sich jeder einzelne gab, in mir eine Gemeinsamkeit zu entdecken oder dem inneren Widerstand mit verschiedenen, scheinbar verlässlichen Bemerkungen Luft zu machen. Sie forderten meine Reaktion heraus. Ich reagierte nicht, weil ich in den

Beobachtungsmodus sehr vertieft war.
Ich nahm zwar wahr, dass die Leute mich meinen, dennoch war mir nicht klar, dass ich auch darauf reagieren musste.

Im Kopf stellte ich mir eine Frage nach der anderen. Warum beschäftigten sie sich mit mir, statt mit sich selbst? Ist das nicht der Grund, warum man ein Tantra-Seminar besucht?
Ich fragte mich, warum ich so unterschiedliche Reaktionen hervorrief, obwohl ich in der Kennenlernrunde mein Ziel in diesem Seminar erklärt hatte.

Mein Gehirn fühlte sich wie Matsch an.
Am liebsten hätte ich mich unsichtbar gemacht, um dem Fokus der Aufmerksamkeit zu entfliehen. Die Gruppe wollte aber nicht von mir ablassen.

Eine erste Bestätigung aus der Psychologie war, dass eine Gemeinsamkeit eine notwendige Voraussetzung für die Gruppenzugehörigkeit sein muss. Da reine Neugier in dieser Gruppe nur bei mir vorhanden war, musste etwas anderes die Gruppe zusammenhalten. Deswegen wollte keiner der Teilnehmer akzeptieren, dass meine einfache Neugierde ein legitimer Beweggrund für den Besuch eines Tantra-Seminars sein konnte.

Also versuchte ich mit aller Kraft, Gemeinsamkeiten zu finden, die meine Zugehörigkeit zu dieser Gruppe hätten rechtfertigen können.

Wenn alle in der Gruppe ein Problem hatten, so war die Erwartung, so musste auch ich eins haben. Andernfalls konnten sie nicht nachvollziehen, warum ich hier war. Mir wurde sogar direkt gesagt – und nachdrücklich betont –, dass mein unbekanntes Problem wahrscheinlich so tief in meinem Unterbewusstsein verborgen sei, dass ich es selbst noch nicht erkannt habe. Sie würden mir helfen, es zu entdecken.

Das war zu viel für mich. Ich wollte nur sitzen, schweigen, beobachten und mitmachen, was der Lehrer anwies.

Warum sollte ich ein Problem haben? Die gesamte Gruppe schien nichts anderes zu tun zu haben, als mir helfen zu wollen, mein Problem zu finden.

Ich erkannte, dass ich schnellstmöglich ein „Problem" erfinden musste. Andernfalls würde es meine Wahrnehmung der Seminarführung durch Andro beeinträchtigen. Dies war notwendig, um wieder Ruhe in die Gruppe zu bringen, damit die Teilnehmer ihre volle Aufmerksamkeit auf die wichtigeren Dinge richten konnten – nämlich auf sich selbst und ihre eigenen Prozesse. Also akzeptierte ich die erste plausible Erklärung von einem der Teilnehmer, der eine Theorie präsentierte, warum ich so verschlossen dasaß. Damit konnte ich endlich wieder in meine Rolle als stiller Beobachter zurückkehren und meine Forschung fortsetzen.

Dieses Phänomen, nach Gemeinsamkeiten innerhalb einer Gruppe zu suchen, ist in der Gruppenpsychologie schon lange bekannt. Wenn du integriert werden möchtest, musst du Gemeinsamkeiten aufweisen. Dies ist ein Schlüsselprinzip der Gruppendynamik.

Ich ging fälschlicherweise davon aus, dass Tantra als Lebensphilosophie ausreichen würde, um gemeinsame tantrische Erfahrungen mit der Gruppe zu teilen. Es stellte sich jedoch heraus, dass Tantra an sich keine Gemeinsamkeiten schafft. Vielmehr sind es die persönlichen Probleme, die die Menschen zusammenbringen. Wenn alle in der Gruppe sexuelle Probleme haben, darf nur der Guru (Lehrer) die Ausnahme sein. Komisch, nicht wahr? Wäre es eine Forschungsgruppe gewesen, die gemeinsame Fragen zu beantworten hätte, wäre ich mit meinem kritischen Denken wahrscheinlich willkommener gewesen.

Nun zurück zu den besprochenen Entwicklungsphasen. Egal, wie ich versuchte, das Verhalten einzelner Personen einzuordnen, die Puzzleteile passten nicht zusammen. Also ließ ich alle Erwartungen los und wartete gespannt darauf, was passieren würde, fast so, als würde ich einer Fernsehshow folgen.

Dann kam die Feedbackrunde, in der jeder über seine aktuellen Emotionen berichten sollte. Das Ziel der Feedbackrunde bestand darin, Selbstreflexion zu üben. Die Erzählungen und Empfindungen der anderen Teilnehmer dienten als Spiegel, um zu reflektieren: „Teile ich die gleichen Gedanken? Stehe ich an einem ähnlichen Punkt in meinem Prozess wie er/sie? Welche Antworten finde ich?"

Plötzlich fielen mir die fehlenden Puzzleteile in den Schoß und alles wurde auf einmal klar.

Mein Herz schlug vor Aufregung. Ich notierte mir alles, um es nicht zu vergessen. Doch bevor ich meine Entdeckungen preisgab, musste ich sie noch einige Male überprüfen.

Es war meine erste Gelegenheit herauszufinden, ob meine Puzzleteile zusammenpassen würden. Ich verspürte nicht das Bedürfnis, über mich zu sprechen, da ich in einem tiefen Forschungsprozess steckte. Welche Gefühle sollte ich eigentlich der Gruppe mitteilen? Sie würden mich ohnehin nicht verstehen. Doch dann forderte mich die Assistentin heraus: „Wir machen uns Sorgen um deine Verschlossenheit und können nicht verstehen, was in dir vorgeht“, sagte sie.

Jemand interessierte sich für meine Prozesse? Meine Freude war nicht mehr zu zügeln.

Das Präsentationsfeld wurde freigegeben. Damals ahnte ich nicht, dass es nur eine rhetorische Frage war, denn außer einem Problem/Prozess/Lösungsansatz, der mit wenigen Worten zu erfassen war, war hier nichts willkommen. Ein Prozess und eine mögliche Lösung waren vorhanden, aber ein Problem schien bei mir aus der Gruppensicht nicht erkennbar. Dennoch nahm ich mir diesen Aufruf als Chance, die Gruppe auch in meine Prozesse mit einzubeziehen, in der Hoffnung, dass es ihnen helfen könnte. Genau dafür war doch die Feedbackrunde gedacht!

„Ich habe eine Entdeckung gemacht, die ich mit größter Freude der Gruppe präsentieren möchte, um eure kritischen Meinungen zu hören. Es dauert nur 1 bis 2 Minuten“, sagte ich. Ohne auf eine Frage oder Reaktion zu warten, setzte ich mich in die Mitte des Kreises und begann, so kurz wie möglich die fünf Entwicklungsphasen zu erklären.

Um meine Erzählung anschaulicher zu gestalten, bezog ich Beispiele aus der Gruppe mit ein. Dabei teilte ich einigen der anwesenden Personen mit, in welcher Entwicklungsphase sie sich meiner Meinung nach befanden.

Eine Reaktion aus der Gruppe traf mich hart und direkt: „Wer bist du, um uns hier zu belehren? Was fällt dir ein, die Aufmerksamkeit auf dich zu ziehen? Wir sind nicht gekommen, um deine Meinung zu hören, sondern um Andro kennenzulernen und seine Sichtweisen zu teilen."

Mir entfiel, dass Andro eine Kultfigur war, deren Aussagen niemand mehr infrage stellte.

Ich entschuldigte mich für meinen Auftritt und zog mich unbeeindruckt vom Angriff zurück.

An diesem Punkt kam ich zu einer wichtigen Erkenntnis: Ich habe kein Recht, Menschen ungefragt mit meiner Meinung zu konfrontieren. Sie sind schließlich nicht wegen mir hier, sondern um Andro zu sehen. Mein Ziel war verfehlt.

Demut erfasste mich. Wer bin ich eigentlich?

Es war ein Anlass zum Nachdenken darüber, wie und was wir in welchen Situationen ansprechen, ohne dabei die Bereitschaft des Gegenübers zu beachten.

In meiner Jugend kam ich bereits zu einer Erkenntnis, welche sich mit ebenjener oben beschriebenen Erfahrung deckte. Mein eigener Leitspruch bestätigte sich wieder:

„Gebe keine Hilfe, wenn du nicht um Hilfe gebeten wurdest, und beantworte niemals Fragen, die dir nicht gestellt wurden."

Befindest du dich in einer Gruppe, vor der ein Lehrer sitzt, und ein Schüler ihm eine Frage stellt, erwartet er, die Frage vom Lehrer beantwortet zu bekommen. Denn aus der Sicht des Schülers besitzt du als Teilnehmer weder das Vertrauen noch die Kompetenz. Aber wenn der Lehrer dir Raum gibt, deine Gedanken zu teilen, entsteht ein besonderes Dilemma: Du wirst erst recht von der Gruppe entweder als Lehrers Liebling oder als Streber ausgeschlossen.

Es gibt nur sehr wenige Lehrer, die die Gabe besitzen, das Wissen aus der Gruppe herauszulocken und sie damit zu Selbsterkenntnissen zu bringen. Selbsterkenntnis bedeutet, sich selbst kennenzulernen, ohne Wenn und Aber. Die Fähigkeit, Selbsterkenntnisse zu fördern, ist eine seltene und wertvolle Kunst, die die Lernumgebung bereichert und die individuelle Entwicklung hervorlockt. Was wir selbst erkennen, ist viel wertvoller als alles, was uns jemand beibringen kann.

Ein prägendes Beispiel dafür lieferte mir meine zehnjährige Tochter. Sie sagte mir eines Tages: „Mama, du erzählst anderen über meine Lehrerin anhand meiner Bilder, die ich gemalt habe, dass die Lehrerin sehr gut sei, weil ich durch sie so gut malen gelernt habe. Ich sage dir, sie ist nicht gut, sie mischt sich ungefragt bei mir während des Malens ein. Mag sein, dass sie es gut meint, und dass es wirklich gute Tipps sind, aber sie achtet nicht darauf, dass ich mich einfach ausprobieren möchte und selbst unterschiedliche Varianten testen will, bevor ich zu bestimmten Techniken greife. Sie soll mich machen lassen, und erst wenn ich nicht weiterkomme, frage ich sie."

Kinder bringen eine erfrischende Ehrlichkeit und Direktheit mit, von der wir Erwachsene viel lernen können. Seit der Geburt meiner Kinder habe ich die Beziehung zu ihnen als gegenseitige Bereicherung empfunden, nicht als hierarchisches Verhältnis, in dem ich als Mutter allein aufgrund meiner Erfahrungen entscheide, was richtig und falsch ist. In unserer Familie stellen wir unsere Erfahrungen stets zur Diskussion und prüfen, ob diese dem noch aktuell oder längst überholt sind. Bei lebenswichtigen und bedrohlichen Themen geben wir als Eltern allerdings klare Anweisungen.

Wir alle tragen ein Bündel aus Erfahrungen und Wissen mit uns. Kinder zeigen uns jedoch, wie wichtig es ist, offen und unvoreingenommen zu bleiben, etwas, was Erwachsene oft kritisieren: „Du darfst nicht reden, weil du noch klein bist."

Wenn wir unser Verhalten beobachten und reflektieren, können wir unser Wissen und unsere Erfahrungen besser ordnen. Dies hilft uns weiter, unabhängig davon, ob die Erfahrungen positiv oder negativ waren.

Nicht die Sigmund Freuds Theorie

Welche Entwicklungsphasen habe ich anfangs angesprochen? Was suchen sie in einem Tantra-Seminar und was haben sie mit unserer Sexualität zu tun?

Hierbei geht es nicht um die fünf Phasen der psychosexuellen Entwicklung nach Sigmund Freud. Diese beleuchten die Reise der Libido (sexuellen Energie) von der Geburt bis ins Jugendalter und ihren Einfluss auf unser späteres Verhalten. Sie skizzieren, wie Kindheitserfahrungen die Grundlage für nachfolgende Verhaltensmuster und mögliche psychische Störungen im Erwachsenenalter legen.

Als Pionier der Psychoanalyse unterteilte Freud die Entwicklung in bedeutende Stadien, wobei jede durch die Fokussierung der Libido auf verschiedene erogene Zonen gekennzeichnet ist – die orale, anale, phallische, Latenz- und genitale Phase. Diese bieten nicht nur Einblicke in unsere persönlichen Entwicklungswege, sondern auch in die Komplexität menschlichen Verhaltens. Freuds Überzeugung, dass diese dynamischen Erfahrungen unsere Persönlichkeit formen, macht seine Theorie zu einem unverzichtbaren Studienobjekt, sei es zur Analyse eigener Verhaltensmuster oder zur Erforschung der menschlichen Psyche.

Die Theorie bezieht sich auf die Entwicklung der Libido und Elternbindung. Freud glaubte, dass Erfahrungen während dieser Phasen unsere Persönlichkeit prägen. Diese Phasen sind eng mit der Entwicklung unserer Sexualität verbunden und bieten eine interessante Perspektive.

Jedoch fokussieren sich die Phasen, die ich beschreibe, auf den Auslöser der Lustlosigkeit oder Neugier als Voraussetzung für die Bereitschaft zur Wissensaufnahme. Sie widersprechen keiner bestehenden Theorie.

In *meiner* Beschreibung der fünf Entwicklungsphasen geht es um den „Ist-Zustand" und die Bereitschaft, sich mit dem einen oder anderen Problem oder Wissen auseinanderzusetzen, und die Orientierung, passende Literatur oder Unterstützung (wie einen Lehrer oder einen Psychologen) zu finden. **Es geht darum, ob du dich dem Befreiungs- oder Forschungsprozess stellen sollst.** Es dient auch als Orientierung dafür, mit welchen Leuten du dich umgeben sollst.

Wenn du in einer Aufbauphase bist und dein Gegenüber noch in der Akzeptanzphase verweilt, kann er mit seinen Problemen nur deine Zeit rauben und dich damit in deiner Entwicklung bremsen.

Die Analyse solcher Persönlichkeiten sollte dann einem fachkundigen Psychologen überlassen werden.

Wo Sigmund Freud meiner Meinung nach recht hat, ist die Tatsache, dass sich unser Sexualverhalten auch in unserem Alltag spiegelt. Das heißt, wie wir uns im Bett verhalten, so verhalten wir uns auch im Alltag. Wenn wir unsere Sexualität bewusst ausleben, sind wir uns auch unserer Ausstrahlung bewusst. Dadurch treten wir sicherer bei der Arbeit, bei Freunden und in der Familie auf. Das Problem besteht allerdings darin, dass die Intimität oft auf unser Geschlecht (Penis oder Vulva) reduziert wird.

Der Unterschied zwischen dem Alltag und dem Bett liegt darin, dass wir im Bett Geschlechtsverkehr haben, während im Alltag nur das Verhalten bleibt.

Ich lade dich zu einer Forschungsreise zu dir selbst ein. Finde heraus, an welchem Punkt du dich befindest, und wähle die entsprechenden Informationsquellen aus. Denn **ohne Neugier** und die Bereitschaft, Neues aufzunehmen, fließt kein Wissen in uns ein. Es gibt keine Entwicklung und das Leben stagniert und fühlt sich an, als wäre man in einem Hamsterrad gefangen. Wir bewegen uns, laufen, und doch kommen wir nicht voran.

Dies entspricht dem tantrischen Prinzip der Doppel-L: Lehre oder Lektion. Du wirst weiterhin Lektionen erhalten, bis du daraus eine Lehre ziehst. Andernfalls riskierst du, unglücklich zu enden, umgeben von unzähligen unerfüllten Wünschen. Denke darüber nach, was du in deinem Leben bereits erlebt hast und was du in den verbleibenden Jahren noch erfahren möchtest. War das alles, was das Leben zu bieten hat, oder gibt es noch aufregende Dinge, die darauf warten, von dir entdeckt zu werden?

Intelligent geboren, durch Umwelt eingeschränkt

Die 5 Entwicklungsphasen im Überblick

Wir starten am tiefsten Punkt unserer Entwicklung und steigen dann zur Oberfläche auf, bevor wir zu fliegen beginnen.

So ließe sich unsere Entwicklung kurz zusammenfassen. In der detaillierten Beschreibung der einzelnen Phasen zeige ich den Beginn des Wegs der Rückentwicklung sowie den Pfad, auf dem die Flügel zu wachsen beginnen. Dabei beleuchte ich auch, welche Rolle unser Elternhaus und die Erziehung in der einen oder anderen Entwicklungsrichtung spielen.

Phase 1: Akzeptanzproblem, die selbstkonstruierte Hölle.

Das ist der tiefste Zustand unseres Ichs, das nach einem Platz in diesem Leben sucht und nicht findet, mit der ewigen Suche nach Schuldigen. Ich nenne es die selbstkonstruierte Hölle. Menschen in dieser Phase haben Angst vor dem eigenen Anblick, Angst vor den eigenen Eigenschaften, sich erneut zu betrachten – körperlich und seelisch, weil es wehtun könnte.

Die betreffende Person hat Angst vor Schmerz und Schwierigkeiten, sich selbst zu akzeptieren, was zur Folge hat, dass sie auch mit ihrer Umwelt keinen zufriedenstellenden Umgang findet. Alle sind schuld an allem. Es hat den Anschein, als würde sie niemand verstehen und alle seien gegen sie. Sie beschuldigt alle um sich herum – ihn/sie/Behörde/Regierung – für ihren Zustand.

Die Person ist vielleicht traurig, weint und fühlt sich nicht angenommen. Opfer-Täter-Rollen sind die prägnanten Merkmale dieser Phase. Entweder versucht man, Mitleid für sich auszulösen, oder man greift andere voller Wut an.

Hassrede kommt meistens von solchen Menschen. Sie ist wie der tiefe Schrei einer nicht angenommenen Seele. Weder können diese Menschen konstruktive Kritik empfangen noch sie aussprechen. Sie wollen nicht einmal wissen, was konstruktive Kritik ausmacht. Die Täter arbeiten nach dem Motto „Angriff ist die beste Verteidigung“, auch wenn gar kein Angriff in ihre Richtung stattgefunden hat. Sie nehmen jedes Wort als persönliche Attacke wahr. Das sind oft die größten Klugscheißer, die nur ihre Wahrheit haben und nur ihre Sicht der Dinge.

Diese Menschen sollte man eher bemitleiden, statt gegen sie zu kämpfen. Sie verkriechen sich in ihre selbstkonstruierte Hölle und schreien oder weinen darin, um etwas Aufmerksamkeit zu bekommen. Jede Konfrontation macht sie entweder noch wütender, hasserfüllter, sarkastischer, oder sie verdrängen ihren Schmerz durch übertriebenes komisches Verhalten.

Ohne fremde Hilfe wie psychologische Analyse mit der Voraussetzung, dass die betreffende Person es selbst möchte, ist es extrem schwierig, aus dieser Phase allein herauszukommen. Wenn du solche Menschen in deiner Umgebung hast, überlege dir, wie tief du in deren Problematik einsteigen möchtest, um nicht mit in die Schlucht gerissen zu werden. So eine Person wirkt nicht authentisch. Sie löst beim Gegenüber entweder Mitleid aus oder das Bedürfnis, von ihr wegzulaufen, ganz nach dem Motto: „Lass mich entweder mit deinen Problemen oder mit deinen Angriffen in Ruhe."

Phase 2: Reflektionsphase und Selbstakzeptanz

Beobachten und Selbstreflexion lernen, alles ohne Urteil zu erkunden und akzeptieren. Den Ist-Zustand erfassen. Der Übergang kann besonders schmerzhaft sein, wenn er von einem Tiefpunkt ausgeht; er erfordert viel Kraft und ist anfällig für Rückfälle. In dieser Phase stellt man sich der Herausforderung, sich selbst ohne Vorbehalte zu betrachten, als würde man in einen Spiegel blicken. Diese Art der Selbstreflexion erfordert eine gründliche Auseinandersetzung mit eigenen Charakterzügen und Eigenheiten, vollständig frei von Bewertungen.

Man sollte sich vorstellen, wie ein Baby Holzbausteine erkundet, ihre Beschaffenheit prüft, um damit einen Turm zu bauen. Auf ähnliche Weise sollte man seine Persönlichkeitsmerkmale und seinen Körper mit einer solchen unvoreingenommenen Neugier erforschen. Man fragt sich: Ist man scharf, kantig, glatt oder eher rund und zugänglich? Ohne zu urteilen, nur beobachten. Es kann besonders aufschlussreich sein, sich zunächst den Eigenschaften zuzuwenden, die man bisher als negativ betrachtet hat, da diese oft mit tief sitzenden emotionalen Verletzungen verknüpft sind. Eine detaillierte Erklärung und entsprechende Beispiele werden später folgen, um diesen Prozess zu illustrieren.

Phase 3: Forscher, kindliche Neugier.

Forschungs- und Experimentierphase.

Forschungs- und Experimentierphase. Diese Phase markiert den Ausgangspunkt, eine Art Geburtsphase. Hier hat man die Untersuchung der persönlichen Anteile abgeschlossen. Ähnlich einem Kind, das zum ersten Mal baut, beginnt man, den ersten Turm zu errichten. Man lässt sich von niemandem vorschreiben, was möglich ist und was nicht – die eigene Neugier steht im Mittelpunkt. Zuerst legt man zwei Bausteine zusammen, dann drei, vier, fünf. Man lässt sich nicht entmutigen; der Turm nimmt Gestalt an. Zwar kann man Ratschläge einholen, aber alle Möglichkeiten sollten erst vollständig erkundet sein. Vielleicht entdeckt man dabei neue Methoden, die den Turm stabil halten. Erst wenn man ein tiefes Verständnis für die eigenen Stärken und Schwächen entwickelt hat und in der Lage ist, die Fähigkeiten souverän einzusetzen, ist man bereit für den Übergang zur nächsten Phase – nicht früher.

Phase 4: Teambildung, Wir-Phase.

Nun ist bekannt, wie der perfekte Turm gebaut wird. Man ist sich aller eigenen Eigenschaften und Möglichkeiten bewusst und kennt die eigenen Stärken sowie Schwächen. An diesem Punkt gilt es, ein Ziel zu finden, das die Anwendung dieser Fähigkeiten erlaubt. Sobald das Ziel klar definiert und im Fokus steht, beginnt der Versuch, mit den eigenen Fähigkeiten andere für dieses Ziel zu begeistern und zu gewinnen oder sich einem Ziel anzuschließen. Es bildet sich ein Team, das individuelle Schwächen mit den Stärken der anderen ausgleicht. Nun befindet man sich in der „Wir-Phase“ und auf direktem Weg zum Ziel. Dies ist der Moment, in dem mit den eigenen Eigenschaften und Fähigkeiten jongliert wird. Es entsteht Freude darüber, sich selbst so gut zu verstehen. Alles scheint leichter, denn man steht nicht allein da. Als zentraler Punkt hat sich ein Symbiose-Team formiert, in dem jeder Freude daran findet, mit seinen Fähigkeiten die gemeinsame Zielerreichung zu unterstützen. Man ist ein wesentlicher Teil dieses Teams. In dieser Phase findet man seine Berufung.

Phase 5: Guru-Stellung.

Deine Schwächen werden zu deinen Stärken.

Nachdem du alle deine Fähigkeiten und die deines Teams kennst, deine Ziele mehrfach erreicht hast und dich erneut die Langeweile packt, dann ist Phase 5 dein nächster Entwicklungsschritt. Du bereitest den Weg für andere vor. Du erkennst in anderen ihre Eigenschaften und unterstützt sie beim Ausbau. Du jonglierst jetzt mit deinen und ihren Fähigkeiten. Du beginnst, dich mit deinen „Schwächen" als neue Eigenentwicklung zu beschäftigen und damit zu arbeiten.
Du verliebst dich in deine Schwächen wie in einen neuen Lernprozess. An dieser Stelle hast du die Guru-Stellung erreicht. Du lebst in Leichtigkeit und jedes Problem wird zur Herausforderung und macht dir Spaß. Du bist nun „erleuchtet".

Die tiefere Erklärung jeder Phase

Ich starte mit der dritten Phase, da sie zu Beginn unseres Leben auf natürlichem Wege entsteht und damit einfacher zu begreifen ist. Danach erkläre ich dir, wie wir in unserer Entwicklung vor- oder rückwärts gehen.

Phase 3: Forscher, kindliche Neugier

In diese Phase werden Kinder hineingeboren

Ein Baby ist anfangs zu hundert Prozent von den Eltern abhängig.

Daraufhin folgt eine Zeit, in der es zunächst sitzen lernt und anschließend zu krabbeln beginnt. Was geschieht in dieser Entwicklungsphase?

Das Kind krabbelt los und ist erpicht darauf, alles zu erforschen, was ihm auf dem Weg begegnet. Die Eltern sind achtsam und räumen alle Gefahren aus dem Weg. Das Kind zieht alle Gegenstände an sich, erforscht die Beschaffenheit, probiert den Geschmack und beobachtet, wie sich die Gegenstände durch seinen Einfluss verhalten. Die Erwachsenen sehen dies als Lernprozess und sind bemüht, das Kind zu bespielen. Sie geben ihm Holzbausteine.

Das Kind freut sich und versucht, mit oder ohne Hilfe einen Turm zu bauen. Der Turm wird zuerst nicht sonderlich hoch. Beobachte das Kind! Zuerst begutachtet es die Steine, dann erkundet es ihre Eigenschaften. Anschließend zeigen ihm die Eltern, was es mit diesen Steinen bauen kann.

Das Kind startet den ersten Versuch. Nach zwei oder drei Bausteinen bricht der Turm in sich zusammen. Das Kind versucht es wieder und wieder, der Turm wird höher und höher. Aus welchem Grund zerstört im Anschluss ein Kind

den Turm, sobald er fertig ist, und baut einen neuen? Aus Neugierde? Es freut sich über den Erfolg und versucht, besser zu werden, bis es mit dem Ergebnis zufrieden ist, sodass der Spaß an der Entwicklung aufhört. Dann sucht sich das Kind eine neue Herausforderung.

Jedes Kind wird mit einer guten Portion Neugier geboren. Wenn Eltern es seine Erfahrungen geschickt sammeln lassen, wird es auch in Zukunft so mit anderen Aufgaben und seinen Eigenschaften umgehen.

Das Kind wird in der dritten der fünf Entwicklungsphasen hineingeboren. Danach wird seine Psyche durch äußere Einflüsse entweder vorwärts entwickelt oder sie erfährt einen Rückschritt.

Manche Kinder sind widerstandsfähiger als die anderen. Ihre Neugier ist so stark, dass sie sich trotz ungünstiger Bedingungen mit bestimmten Dingen besonders intensiv beschäftigen und weiterentwickeln.

Wir wissen nicht, welches Erlebnis welche neurologischen Verbindungen erschaffen hat, um diese Kraft zu entfachen. Ich hörte von einem 5-jährigen Jungen, der seine Eltern zu jeder Kirche mit einer Orgel zog, um sich die Orgelkonstruktion anzusehen und den Klang zu hören, obwohl die Eltern nicht gläubig waren und nie in die Kirche gingen. Es gibt Kinder, in deren Familien niemand Schach spielt, und die dennoch mit 5 Jahren Partien gegen Großmeister gewinnen.

> ***Eine starke Neugier, die nach Antworten sucht, ist der Schlüssel zum Lernen. Denn Wissen gibt es in unserer Welt mehr als genug, die Bereitschaft zu lernen ist jedoch Mangelware.***

Phase 2: Reflektionsphase und Selbstakzeptanz

Der erste Schritt zur Rückentwicklung

Eltern wollen immer nur das Beste für uns

Lass uns die Variante anschauen, wenn Eltern beim Spielen ihres Kindes ständig eingreifen – zum Beispiel beim Turmbauen, indem sie „Stopp" rufen und sagen: „Das macht man anders." Das Kind, ob es die Anweisungen nun versteht oder nicht, spürt die elterlichen Emotionen, die oft als beunruhigend empfunden werden. Die Folge? Aus Angst vor Fehlern lässt das Kind vielleicht die Bausteine unberührt, statt mit ihnen zu spielen. Kinder besitzen zwar eine natürliche Hartnäckigkeit und ein starkes Bedürfnis, sich durchzusetzen, doch wiederholte Korrekturen seitens der Eltern können die kindliche Neugier zunichtemachen. Nicht selten ziehen sich Kinder unter solchen Voraussetzungen zurück, zeigen wenig Interesse am Lernen in der Schule oder an neuen Aktivitäten.

Wenn ein Kind ständig korrigiert und somit daran gehindert wird, Dinge – ähnlich den Holzbausteinen aus seiner Kindheit – selbst zu entdecken und zu akzeptieren, kann das zu Unzufriedenheit mit sich selbst führen, ohne dass das Kind genau versteht, warum. Diese Unzufriedenheit und das Gefühl, ständig zu kurz zu kommen oder nicht gut genug zu sein, können sich tief einprägen. Das Kind könnte Schwierigkeiten bekommen, seinen Körper und seine persönlichen Eigenschaften zu akzeptieren, und sich in der Schule und später als Erwachsener möglicherweise als Versager fühlen. Gedanken wie „Ich habe nur schlechte Eigenschaften, ich darf dieses oder jenes nicht tun“ können überwiegen und zu einem Leben führen, in dem man über sich selbst weint, statt die eigenen Stärken und Möglichkeiten zu erkennen und zu nutzen. Schon das Hinsehen wird im Kopf verhindert, da die ständigen Korrekturen der Eltern im Unterbewusstsein fest verankert sind, die Wahrnehmung verzerren und Ängste vor fehlerhaften Entdeckungen auslösen. Somit wird die Neugier grundlegend blockiert.

Tiefer in die Phase 1 steigen wir freiwillig ab

Schließlich spielt der Erwachsene sich selbst etwas vor. Nachdem ihm in seiner Kindheit die zweite Phase eingetrichtert wurde, stellt das Kind für sich als Erwachsener einen logischen Zusammenhang her. Die eingepflanzten Eigenschaften sieht er als einen unabdingbaren Bestandteil seines Selbst an. Er hat Angst, diese zu überprüfen und kehrt somit zu der ersten Entwicklungsstufe zurück.

„Ich genüge mir nicht, ich schaffe es nicht aus diesem Zustand heraus. Bitte gibt mir ein Zeichen, dass ich gut bin."

Er ist immer abhängig von der Meinung anderer. Er benötigt Mitleid, nicht Mitgefühl. Unbewusst ist die Bestätigung von außen sein Lebenselixier.

Wie damals, als er als Baby den Turm baute: „Das hast du fein gemacht!“ Aber er zuckt zusammen, wenn er zu hören bekommt: „Nein, das darfst du nicht! Es wird nicht funktionieren!“

So wird jeder Versuch, eine neue Aufgabe zu lösen, zu einer Qual: „Werde ich es richtig machen? Bekomme ich Lob oder Schimpfe? Am liebsten würde ich es unterlassen, aber ich brauche den Job oder den/die Partner/-in, um zu überleben." Also zwingt er sich zu fremdbestimmten Taten und lebt seine Möglichkeiten nicht aus, entfaltet sich nicht. Der Körper ist erwachsen geworden, aber darin haust die Seele eines verängstigten Kindes.

Wieso treiben wir unsere Kinder in die Rückentwicklung? Vielleicht, weil wir uns selbst nicht besser auskennen, oder weil wir selbst in der ersten Phase leiden? Haben wir diese Schwierigkeiten, sollen unsere Kinder diese auch haben. Mir geht es nicht gut, warum soll es dir besser gehen, auch wenn du mein Kind bist? Geteiltes Leid ist halbes Leid. Im Unterbewusstsein züchtet man sich einen oder mehrere mitleidende Verbündete. Wir schwächen uns gegenseitig mit unserem Mitleid. Wir vermitteln unseren Kindern „Es ist, wie es ist, solche Arschlöcher kenne ich auch. Du kannst nichts dagegen tun ..."

Das heißt übersetzt: „Du darfst nicht nachdenken, du sollst mitleiden, den ich kenne es nur so. Wenn ich es nicht geschafft habe, wirst du es auch nicht schaffen."

In der fünften Phase dagegen ist man der Auffassung: „Wenn ich es geschafft habe, kannst du es auch. Du wirst aber wahrscheinlich andere Methoden dafür nutzen."

Ihr fragt euch wahrscheinlich, was das mit unserer Sexualität zu tun hat.

Diese Verhaltensmuster spiegeln sich überall in unserem Leben wider. Nicht nur in unserer Sexualität, sondern auch in unserer Familie, im Beruf, auch im Freundschaftskreis.

Zum ersten Mal erhielt ich diese Erkenntnis bei einem Tantra-Seminar. Genau gesagt habe ich es in der Sexualität und dem Feedback der Teilnehmer beobachtet. Manche zeigten sich recht locker und experimentierten wie Kleinkinder. Sie beobachteten, welche Übungen welche Wirkungen auf sie erzielten. Sie agierten aus Neugierde. Ungeachtet dessen, welches Resultat sich ergeben würde, ganz ohne Erwartungshaltung.

Andere Teilnehmer dagegen zogen sich wie Schildkröten zurück. Sie warfen unangenehme Blicke auf andere Teilnehmer. Sie hatten Angst, sich und ihre Sexualität überhaupt zu betrachten und anschließend anzunehmen. Das Problem der Männer spiegelte sich in ihrer fehlenden Potenz wider. Die Frauen hatten mit Verklemmtheit zu kämpfen, sie konnten keinen Zugang zu ihrer Lust finden.

Es gab Teilnehmer, welche viel weinten. Sie trauten sich nicht zu, den eigenen Körper anzunehmen oder die eigenen Gefühle wahrzunehmen. Sie fremdeln mit sich selbst, als würden sie ihre Stimmen zum ersten Mal auf Band hören.

Doch je länger sie sich zuhörten, desto besser wurden sie bei dem nächsten Versuch. Ungezwungen, unauffällig und oft unbewusst begannen sie, sich zu verbessern: „Ich will besser aussehen, besser klingen, eine bessere Wirkung erzielen als zuvor."

Ähnlich ist es mit unserer Sexualität

Du verwendest dein Smartphone, um eine Sprachnachricht aufzunehmen. Du versendest diese, ohne jegliche Überwindung, denn du bist es gewohnt. Allerdings kann es sein, dass du starken Widerstand verspürst, eine Videobotschaft zu versenden.

Um unsere Sexualität unter die Lupe zu nehmen, benötigt es starke Überwindung.

Denn immer noch darf in vielen Familien über Sexualität nur im Zusammenhang mit Kinderzeugung gesprochen werden. Ganz besonders in stark gläubigen Familien, aber auch im Großteil der Gesellschaft. Eltern und als Folge ihre Kinder sind mit ihren sexuellen Erfahrungen auf sich allein gestellt.

Und da kommt das Internet „zur Hilfe". Der Papa befriedigt sich heimlich selbst, während er sich Pornovideos ansieht. Sein Sohn hingegen sucht nach Antworten. Google und YouTube genießen inzwischen mehr Vertrauen als die eigenen Eltern. Die Aufklärungsmöglichkeiten, wie es sie bei YouTube gibt, ähneln aber oft einer Bedienungsanleitung, wie ich meinen Körper oder den des anderen bedienen kann.

- Wie kriege ich sie schnell ins Bett
- Zehn Berührungen, die ihn verrückt machen
- Fünf Tipps, wie du sie glücklich machst …

Ich bin sicher, dass mehr als nur fünf oder zehn Tipps von Nöten sind, um sich selbst und andere in seiner Umgebung von der eigenen Sexualität und dem eigenen Sexappeal zu überzeugen.

Und mal ganz ehrlich: Authentisches Sexappeal ist nicht das, was man zeigen muss, es ist etwas, das man nicht verbergen kann. Wie ich bereits in vorangegangenen Kapiteln erwähnte: Gebundene und kontrollierte Sexualität strahlt Sexappeal aus und zieht an, hungrige, wilde – schreckt hingegen ab.

Aus einer verstandenen, kontrollierten und gebundenen Libido erwachsen große Denker, Erfinder, Visionäre.

Aus einer unverstandenen, wilden, verdrängten Libido entstehen Vergewaltiger, Amokläufer, Diktatoren.

Die Veränderung findet zuerst im Kopf statt. Solange die eigene Einstellung zur Sexualität nicht ins positive Licht gerückt wird, werden auch die Ausführungstechniken nicht hilfreich sein. Ganz gleich, wie gut diese beherrscht werden.

„Lerne die Technik und dann vergiss sie wieder. Danach fühle nur und lass dich von deinem Gefühl leiten.

Wenn dein Lernen tief geht, werden neunzig Prozent dieser Arbeit durch die Liebe geschehen, zehn Prozent erledigt die Technik.

Durch eine liebevolle Berührung entspannt sich etwas im Körper."

OSHO

Fazit:

Die Einstellung zur Sexualität findet zuerst im Kopf statt. Erst dann wird sich die Umgebung verändern. Gelernte Techniken allein liefern nicht das gewünschte Ergebnis. Das Herz sollte zunächst für Gefühle und Emotionen geöffnet sowie die Beobachtungsgabe trainiert werden.

Da die Eltern es nicht wissen, sind sie auch nicht in der Lage, Wissen oder Erfahrungen an die Kinder weiterzugeben. Aufgrund des Generationenkonflikts hören Kinder generell eher selten auf ihre Eltern.

Ich sehe die Lösung bereits im Schulalter.

Genau dann, wenn viele Jugendliche beginnen, sich verschiedene Fragen zu stellen, sollten sie eine Aufklärung erhalten, die nicht nur technische und körperliche Prozesse beinhalten.

Koordinierte und kontrollierte Aufklärung in der Schule, auch wenn es bei vielen Erwachsenen ein gesellschaftliches oder moralisches Problem darstellt, ist immer noch besser als die fünf Tipps von YouTube, wie du sie/ihn schneller herumkriegst.

Ein anderes Problem kann daraus resultieren: Wo findet man so viele passende Lehrer?

Da könnten moderne Medien doch hilfreich sein. Webinare, YouTube oder andere Medienportale können hierfür genutzt werden. Die Fragen aus solchen Webinaren können gruppiert und die Beantwortung derer verfeinert werden.

Ob die Gesellschaft dazu bereit ist?
Da kommen wir wieder zu dem gleichen Verhaltensmuster wie beim Eltern-Kind-Verhalten: „Ich kenne mich nicht aus und habe es ohne Aufklärung überlebt, also wirst du als Kind es auch überleben. Schließlich bin ich nicht zum Verbrecher und Vergewaltiger geworden."

Disziplin ist alles. Ob dein Kind es genauso sieht? Frag dein Kind am besten selbst, besonders im Teenageralter, zu Beginn der Pubertät. Wenn wir endlich beginnen unsere Sexualität zu lieben und zu leben, wird die Welt weniger Leid erfahren. Wann fängst du damit an?

Phase 4: Teambildung, Wir-Phase

In dieser fortgeschrittenen Phase deiner Entwicklung hast du eine tiefe Selbsterkenntnis erreicht. Du weißt nun, wie du deinen metaphorischen „perfekten Turm“ errichten kannst. Diese Kenntnis impliziert ein umfassendes

Verständnis deiner Eigenschaften und Möglichkeiten. Du bist dir deiner Stärken bewusst, erkennst aber auch deine Schwächen. An diesem entscheidenden Punkt richtest du dein Augenmerk darauf, ein Ziel zu identifizieren, das nicht nur zu deinen Fähigkeiten passt, sondern diese auch optimal nutzt.

Sobald du ein klares Ziel vor Augen hast, nutzt du deine Fähigkeiten, um andere Menschen für dieses Ziel zu begeistern. Du kommunizierst deine Vision mit Überzeugung und Leidenschaft, was andere dazu inspiriert, sich deiner Sache anzuschließen. Du suchst gezielt nach Individuen, deren Stärken die eigenen Schwächen kompensieren, und stellst so ein ausgewogenes und effektives Team zusammen.

Ihr tretet nun in die Wir-Phase ein, eine Phase der Gemeinschaft und des gemeinsamen Strebens nach einem Ziel.

Diese Phase ist auch die Zeit der Berufung, in der du nicht nur ein tiefes Verständnis für deine persönlichen Ziele entwickelst, sondern auch lernst, wie du durch die Kombination unterschiedlicher Stärken ein noch größeres Ziel erreichen kannst. Du erkennst, dass echter Erfolg oft ein kollektives Unterfangen ist, und findest Erfüllung in der gemeinsamen Anstrengung und dem gemeinsam erreichten Durchbruch.

In der Wir-Phase erlebst du die Freude und Befriedigung, dich und deine Fähigkeiten vollständig zu verstehen und einzusetzen. Das Jonglieren mit deinen Eigenschaften wird zu einer Quelle der Freude, und du ziehst Genugtuung daraus, andere mit deiner Vision zu begeistern. Die Arbeit im Team fühlt sich nun leichter an, denn du trägst die Last nicht länger allein. Du stehst im Mittelpunkt eines symbiotischen Teams, das nicht nur Spaß daran findet, dich auf deinem Weg zum Ziel zu unterstützen, sondern auch eine Bereicherung für das gemeinsame Vorhaben darstellt. Du selbst wirst ein integraler Bestandteil dieses

Teams, indem du deine einzigartigen Fähigkeiten und Perspektiven einbringst.

In dieser Phase vertieft man sein Wissen über Gruppendynamik und Gruppenführung. Der Prozess ähnelt dem eigenen Entdeckungsweg und beginnt erneut. Anfangs ist es nicht leicht, passende Mitglieder zu finden, insbesondere eigenständige Persönlichkeiten, die sich ihrer Fähigkeiten bewusst sind. Wer es schafft, diese freien Geister für ein Projekt zu gewinnen, hat einen weiteren persönlichen Gipfel erreicht. Hierbei ist man nicht von einzelnen Personen abhängig, sondern es wird auf der Ebene der Eigenschaften und Fähigkeiten zusammengearbeitet. Das heißt, sollte jemand das Team verlassen, steht nicht alles still. Stattdessen wird gemeinsam nach einer Lösung oder einem neuen Mitglied gesucht. So bleibt jedes Mitglied in einer Symbiose mit dem Team und dennoch frei.

Menschen in der Wir-Phase oder in der Guru-Phase werden dieses Buch nicht lesen. Sie sind mit eigenen Projekten beschäftigt. Wenn du jedoch jemanden in deinem Umfeld in diesen Phasen siehst, kannst du das schneller erkennen und an seiner Seite wachsen.

Die Dynamik der Gruppenentwicklung

Die Dynamik der Gruppenentwicklung wurde von zahlreichen Forschern untersucht, aber einer der bekanntesten ist Bruce Tuckman, der 1965 seine Theorie der Gruppenentwicklungsphasen vorstellte. Tuckmans Theorie, auch bekannt als Tuckmans Stufenmodell, identifiziert fünf Phasen der Gruppenentwicklung:

1. Forming (Formierungsphase),
2. Storming (Sturmphase),
3. Norming (Normierungsphase),
4. Performing (Leistungsphase) und
5. Adjourning (Auflösungsphase) oder Mourning (Trauerphase).

Neben Tuckman haben auch andere Forscher Modelle und Theorien zur Gruppenentwicklung vorgeschlagen, die verschiedene Aspekte und Dynamiken innerhalb von Gruppen betonen. Dazu gehören die Theorien von Wilfred Bion über Grundannahmen in Gruppen, die systemische Sicht auf Gruppendynamik und die Forschungen von Susan Wheelan zur Gruppenentwicklung.

Jede Theorie trägt zum Verständnis bei, wie Gruppen funktionieren, wie sie sich entwickeln und wie Konflikte sowie Zusammenarbeit innerhalb von Gruppen gestaltet werden können.

Fazit zur Entwicklungsphasen:

Das Ziel dieser Erläuterung ist es, dir Orientierungshilfe zu geben, damit du die geeigneten Wissensquellen findest, um deine Entwicklung fortzusetzen. An diesem Punkt möchte ich dir auch einige Tipps mit auf den Weg geben.

Wenn du Langeweile verspürst, begleitet von dem Gefühl, alles erreichen zu können, was du dir vornimmst, dann ist es Zeit, entweder deine eigene Vision zu finden oder dich einer größeren Vision anzuschließen. In beiden Fällen gehörst du zu den 2–4 % der Menschheit, die an etwas Größerem arbeiten und mit ihrer Fähigkeit, Dinge zu erschaffen, die Gesellschaft bewegen und beeinflussen. Dies ist eine phänomenale Phase der Reife, in der du die süßen Früchte deiner vorangegangenen Arbeit ernten kannst. Hier erreichst du den höchsten Flow-Zustand.

In diesem Zustand scheint dich nichts aus der Ruhe zu bringen. Deine Triggerpunkte sind schwer zu finden, denn du weichst den Stolpersteinen im Leben geschickt aus und nutzt jede Anregung als Triebkraft, um die Vision voranzutreiben. Du bist frei wie ein Vogel, ungebunden und unbeeinflusst von den Turbulenzen, die anderen vielleicht den Weg versperren würden. Diese Freiheit und Gelassenheit sind ein Zeichen dafür, dass du nicht nur deine eigenen Stärken und Schwächen akzeptiert, sondern auch gelernt hast, sie effektiv einzusetzen, um deine Ziele zu erreichen. Du erkennst die Bedeutung von Zusammenarbeit und Gemeinschaft und verstehst, dass wahre Größe oft durch die Vereinigung von Kräften erreicht wird. Dieses Bewusstsein ermöglicht es dir, mit Klarheit und Konzentration auf dein Ziel hinzuarbeiten, während du gleichzeitig offen für neue Perspektiven und Möglichkeiten bleibst.

Die Botschaft ist klar: Wenn du dich in dieser Phase befindest, nutze die Gelegenheit, um über den Tellerrand hinauszuschauen und dich mit Gleichgesinnten zu verbinden, die deine Vision teilen oder dich inspirieren, neue Horizonte zu erkunden. Erkenne, dass jeder

Schritt auf deinem Weg, jede Entscheidung und jede Aktion, die du unternimmst, nicht nur dein eigenes Leben bereichert, sondern auch das Potenzial hat, die Welt um dich herum positiv zu gestalten.

Die Befreiungsprozesse, die im Tantra durch Methoden und Rituale in Gang gebracht werden, tragen gleichzeitig zu deinem allgemeinen Wachstum bei. Was als Verbesserung unserer Sexualität beginnt, mündet in allgemeine Entwicklung und verschafft uns mehr Einfluss in unserer Umgebung.

Kurz zusammengefasst: Wann soll ich beginnen?

In der ersten Phase der eigenen Hölle.

Falls du das Buch überhaupt in die Hand genommen und bis zu diesem Abschnitt gelesen hast, empfehle ich, mit einer Psychoanalyse bei einem Psychotherapeuten zu starten und dir helfen zu lassen, Ordnung in dein Leben zu bringen. Das Schöne daran ist, dass dies sogar von den Krankenkassen übernommen werden könnte.

In der zweiten Phase der Reflexion mit der entsprechenden eigenen Bereitschaft empfehle ich, einen Tantralehrer oder einen anderen Meister aufzusuchen, der dir bei deinem Befreiungsprozess helfen kann. Du suchst nach einem Befreier, nach Lehrern, die dir eigentlich den größten Schmerz zufügen könnten, und dennoch spürst du die Tiefe ihres Wissens, die Kraft, die deine Befreiung vorantreibt, und dass sie sich nicht aus der Ruhe bringen lassen.
Es gibt auch verschiedene Klöster, die innere Reinigungsprozesse und Befreiungen anbieten.
In dieser Phase ist nur ein Ziel klar vor Augen: die Selbstakzeptanz ohne Wenn und Aber.

In der dritten Phase der kindlichen Neugier empfehle ich, alle möglichen Partys, von Tantra bis zu BDSM, zu besuchen und darin zu experimentieren. Du traust dich an das Buffet der Möglichkeiten mit dem Verständnis, dass manche Gerichte nicht schmecken könnten. Du stellst dir dein eigenes Buffet zusammen, an dem du dich neu entdecken kannst.

In der vierten Wir-Phase, falls dich das Buch in dieser Phase noch begeistern kann, suche nach neuem Wissen im Bereich der Gruppenarbeit. Schließe dich verschiedenen Veranstaltungen an, die deine Hilfe benötigen könnten, und mache es zu deinem Spaß, solange du dein eigenes Feld nicht entdeckt hast. Wenn sich Klarheiten in dir kristallisiert haben, wirst du den Drang verspüren, ein eigenes Team zusammenzustellen und eine Botschaft in die Welt zu tragen.

Über die Guru-Phase brauche ich hier nicht zu schreiben. Der Guru weiß, was er tut, und schreibt wahrscheinlich parallel zu mir ein eigenes Buch, das die Welt ein bisschen besser machen soll.

Was passiert, wenn du in einer ungeeigneten Phase doch anders entscheidest?

Wenn du dich anders entscheidest, befindest du dich höchstwahrscheinlich schon in einer Experimentierphase, denn in anderen Phasen werden solche Entscheidungen durch Unsicherheit, Zweifel und Angst blockiert.
Also versuche es: Begegne in der zweiten Phase der Selbstreflexion etwas Neuem. Du wirst einen unglaublichen Widerstand spüren und einen Konflikt mit dir selbst und der Umgebung erleben. Du wirst es schwer finden zu verstehen, was die Leute machen und welchen Gefallen sie daran finden, wenn es deinen eigenen Vorstellungen nicht entspricht. Du kannst ein Ekelgefühl und Empörung empfinden und dich nie mehr trauen, das Neue zuzulassen. Es ist, als würde jemand, der versucht, sich von Drogen zu lösen, in seiner Entwöhnungsphase mit dem Suchtstoff konfrontiert. Auf wackeligen Füßen sollte man keine Experimente wagen. Innere Stabilität ist die Grundlage der inneren Freiheit.

Wo soll ich mit Tantra beginnen?

1. Wenn du ein Problem hast, stelle dich ihm und analysiere.
2. Wenn du ein Erlebnis hattest, suche nach einem Workshop oder Büchern, die deine Fragen beantworten könnten.
3. Wenn du schon vieles erlebt hast, aber dennoch das Gefühl hast, dass es noch mehr gibt und dich nichts aufhält, weil du neugierig bist, dann gehe gleich zu Tantra-Seminaren und nimm die größere Herausforderung an.

Je nachdem, was auf dich zutrifft, beginnst du dort.

Man sucht erst dann nach Lösungen, wenn eine Herausforderung vor einem steht.

Wenn du ein Problem hast

Leider gehören die meisten Menschen zu dieser Kategorie. Das Wort „Problem" wird oft negativ wahrgenommen. Ein Sprichwort sagt: „Alles, was man mit Geld regeln kann, sind nur unerwartete Ausgaben." Gesundheit und Leben sind die wertvollsten Dinge, die man nur einmal besitzt. Dennoch geben Menschen oft mehr Geld für Verkaufstrainings aus als für ihr Leben und ihre Gesundheit und somit für ihren Genuss. Denn nur ein geistig und seelisch gesunder Mensch ist in der Lage, sein Leben zu genießen, ganz gleich, ob mit oder ohne Geld.

Um dein Problem wirklich anzugehen, musst du dich ihm zuerst stellen. Ich unterteile diesen Prozess in mehrere Schritte, beginnend mit einem geistigen Lebensrückblick und einer Lebensanalyse, um die Angst zu überwinden, deinem Problem ins Auge zu blicken.
Was geschehen ist, ist geschehen, also wird sich das Ergebnis nicht mehr ändern.

Dort, wo der Schmerz und der Widerstand am größten sind, liegen auch die größten Entdeckungen, sagt die tantrische Weisheit.

Wir visualisieren das Problem wie einen Film, den wir von Anfang bis Ende durchleben. Dies ist Teil der Lückenaufarbeitung. Der Prozess erfordert eine hohe Bereitschaft, zurückblicken zu wollen, gerade wegen der Angst vor erneutem Schmerz. Wenn jemand mit dem Schmerz verschmolzen ist, besteht oft kein Wille, etwas ändern zu wollen. Es gibt ein aufschlussreiches Buch zu diesem Thema: „Anleitung zum Unglücklichsein“ von Paul Watzlawicks.

Wir gehen gedanklich zurück und nehmen Korrekturen vor, bis wir uns am Ende des Films glücklich und zufrieden fühlen. Es ist ein Prozess der Zusammenarbeit zwischen Geist und Seele, bei dem wir lernen, unsere Gedanken im Einklang mit den Wünschen unserer Seele (emotionaler Welt) einzusetzen. Erst wenn wir dies beherrschen, können wir unseren Geist dazu nutzen, unseren Körper in Bewegung zu setzen, um unsere Ziele zu erreichen. Hier ist eine

Schritt-für-Schritt-Anleitung, wie du beginnen könntest:

Der erste Teil: Trainingsarbeit zwischen Geist und Seele. Meditation mit Kopfkino.

1. **Das Problem erkennen:** Schau dir zuerst irgendein kleines Problem genau an.
2. **Das Problem benennen:** Schreibe auf, was du als Problem empfindest. Ist es geistiger oder körperlicher Natur? Liegt es an eigener Unterdrückung oder externen Einflüssen? Abhängig von der Art des Problems gibt es verschiedene Vorgehensweisen, den
   Ist-Zustand zu erfassen.
   Wenn es körperlicher Natur ist, kann es sein, dass zuerst ein Arztbesuch nötig ist, um körperliche Krankheiten auszuschließen oder die Einschränkungen durch diese zu verstehen. Eine Analyse durch einen professionellen Psychotherapeuten kann dir einen besseren Überblick über deine Psyche verschaffen. Das Gute daran ist, dass beides normalerweise von der Krankenkasse bezahlt wird. Also ist ein Arztcheck erforderlich, um

schwerwiegende Folgen der nächsten Schritte zu vermeiden.

3. **Deine Wünsche erfassen und Ziele setzen.** Eine Wunschliste schreiben und den allerwichtigsten Wunsch rausfiltern.

4. Was passiert, wenn das Problem gelöst wird? Wird dadurch einer deiner Wünsche erfüllt?

5. Wie würde es sich anfühlen, wenn du dein Ziel erreicht hast? Was würde sich ändern? Visualisiere, ob die Ankunft am Ziel dich wirklich zufriedenstellen würde und korrigiere gegebenenfalls die Ziele oder setze neue, größere oder kleinere Ziele. Wiederhole es so lange, bis du zufrieden bist. Die Anwendung von Meditationspraktiken ist in diesem Zusammenhang sehr zu empfehlen.

6. Wenn es dir zu viel wird und du nichts weiter in diese Richtung unternimmst, bist du vielleicht noch nicht bereit für den tantrischen Weg. Entweder du erreichst deine Grenzen und möchtest etwas ändern, oder du bleibst in Selbstmitleid und Beschwerden stecken und erzählst allen, wie schlecht es dir geht und was

alles unmöglich ist. In diesem Fall empfehle ich dir erneut das Buch „Anleitung zum Unglücklichsein“, das deinen Zustand in einer knappen, verständlichen Form beschreibt.

Nächster Teil: Trainiere Zusammenarbeit zwischen Geist und Körper.

Im nächsten Schritt geht es um die Verbindung zwischen Geist und Körper. Sobald du die geistige Vorbereitung abgeschlossen hast, beginnst du mit der Planung und konzentrierst dich darauf, bevor du in die gewünschte Richtung aktiv wirst. Dein Geist soll deinen Körper zielgerichtet führen: Vom Planen zum Handeln.

Du wechselst vom Denken zum Tun, vom Denker zum Macher.

Dazu könnten als Beispiel einer oder mehrere der folgenden Punkte gehören:

1. Einen Allgemeinmediziner aufsuchen, hingehen und einen Gesundheitscheck machen.
2. Einen Psychotherapeuten konsultieren, um tiefgehende psychische Aspekte zu klären.

3. Menschen suchen, die ähnliche Ziele verfolgen und Erfolge in dem gewünschten Bereich erzielt haben. Ihre Veranstaltungen besuchen, von ihren Erfahrungen lernen usw.

Dieser Plan dient als Grundlage für die Umsetzung deiner Wünsche, ist aber flexibel und kann während des Prozesses angepasst werden. Sei offen für neue Wege und Möglichkeiten, die sich dir bieten und die dich deinem Ziel näher bringen. Alles, was nicht lebensbedrohlich ist, sollte ausprobiert werden, um deine Entwicklung voranzutreiben.

Diese Methoden kannst du sowohl bei deinen sexuellen als auch anderen Blockaden benutzen, die dein Leben belasten.

Wenn du ein Erlebnis hattest

Sex kann schön sein. Er kann auch sehr schön sein. Er kann auch sehr, sehr schön sein.

Aber Sex, für den du keine Worte finden kannst, das ist der tantrische Sex!

Wenn du ein ähnlich außergewöhnliches sexuelles Erlebnis hattest, wie ich es eingangs beschrieben habe – Glückwunsch! –, du gehörst zu den Auserwählten. Das deutet, dass du das Potenzial für tantrische Entfaltung besitzt, auch wenn du noch nicht weißt, wie du es steuern kannst. Das ist vergleichbar mit Superhelden in verschiedenen Marvel-Filmen, die ihre besonderen Fähigkeiten zufällig entdecken und dann lernen müssen, diese zu kontrollieren. Du bist so ein Held, allerdings in der Realität. Nicht jeder kann die tantrische Verschmelzung erreichen. Beispielsweise haben Menschen mit wenig oder keiner Empathie keinen Zugang dazu. Sie sind wie Psychopathen, die glauben, Emotionen seien einfach durch Logik und Verstand zu steuern, und sich deshalb überlegen fühlen. Aber wenn wir unsere Emotionen, deren Funktionen und Stärken verstehen, kann dieses Wissen unseren Fluch in einen Segen transformieren. Wenn ich damals *nur* meinem Verstand gefolgt wäre, wäre ich wohl nicht mehr am Leben.

Wenn du das Gefühl hast, schon alles erlebt zu haben

Wenn du das Gefühl hast, schon alles erlebt zu haben, aber dennoch nach mehr suchst, dann treiben dich zwei Dinge: die Neugier und der

Drang nach Weiterentwicklung. Du hast vieles erlebt, doch in dir keimt der Gedanke, dass da draußen noch mehr zu entdecken ist. Du bist wie ein Forscher, der ohne bestimmte Erwartungen auf eine Entdeckungsreise geht, um zu sehen, was er finden und wie er es im Leben anwenden kann.

Du gehörst zu einer seltenen Gruppe, vielleicht zu weniger als 1% der Menschheit.

Es kann sein, dass dieses Buch dir zu oberflächlich erscheint, da du die Tiefe suchst. Falls du aber jemanden kennst, der ähnlich denkt, aber noch nicht so weit ist wie du, empfiehl ihm, das Buch zu lesen. Es kann als Orientierung dienen, um herauszufinden, wo man am besten anfangen kann, in die Tiefe zu gehen.

Für Menschen wie dich empfehle ich, direkt große Tantraschulen und umfangreiche Seminare zu besuchen, um deinen Horizont zu erweitern. Du brauchst nur die Richtung zu wählen, einen Lehrer zu finden, der auf deiner Wellenlänge ist, und dann einzutauchen, um dein neues Abenteuer zu erleben.

KAPITEL 3

Tantra-Richtungen in vereinfachter Form erklärt

Was erwartet dich in diesem Kapitel?

Um Anfängern einen ersten Lichtstrahl in den tantrischen Dschungel zu senden, skizziere ich zunächst die verschiedenen Richtungen, die sich durch Einsatzprinzipien und Farben Rot, Weiß und Schwarz besser einordnen lassen. Wir werden durch das kleine Fenster unserer Tantra-Rundfahrt einen Blick auf das buddhistische und hinduistische Tantra werfen, um deren Gemeinsamkeiten und Unterschiede zu erkunden. Eine kurze Einführung in die Entstehungsgeschichte hilft, das Ausmaß dieses Wissens zu begreifen. Dennoch werde ich bewusst nicht zu tief in jede einzelne Lehre eintauchen, um das Buch nicht mit unnötiger Detailtiefe zu überfrachten und dir die Freude am Tantra nicht durch die Angst vor dessen Komplexität und vermeintlicher Unzugänglichkeit zu schmälern.

Die Unterteilung des Tantra in rote, weiße und schwarze Tantra ist eine vereinfachte Darstellung verschiedener tantrischer Strömungen, die jeweils eigene Praktiken und philosophische Ausrichtungen haben. Diese Einteilung ist jedoch nicht in tantrischen Traditionen präsent und sollte eher als metaphorische statt strikte Kategorisierung verstanden werden.

Tantra-Geschichte kurz erklärt

Tantra, eine faszinierende und tiefgründige Lehre, entstand vor etwa 5.000 Jahren.
Die genaue Entstehungszeit der Tantra-Lehre ist jedoch schwer zu bestimmen, da Tantra aus einer Verschmelzung verschiedener kultureller und religiöser Einflüsse in Indien hervorging.
Diese alte Tradition bildete eine Gegenbewegung zur damals verbreiteten Vergötterung von Gegenständen, Tieren und anderen Wesen.

Das Kernstück des Tantra ist die Überzeugung, dass das Göttliche in uns selbst zu finden ist. Anstatt äußere Objekte oder Wesen zu vergöttern, lehrt uns Tantra, dass wir unsere eigene Göttlichkeit erkennen und ehren sollen.

Es geht darum, das Göttliche in unserem Inneren zu entdecken und zu feiern.

Diese Sichtweise markiert einen signifikanten Wendepunkt in der spirituellen Praxis. Sie fordert uns auf, uns nach innen zu wenden und unsere eigene spirituelle Natur zu erkunden. Das Tantra lehrt uns, dass wir nicht nach externen Symbolen oder Figuren suchen müssen, um das Göttliche zu finden. Stattdessen finden wir es tief in uns selbst.

Der Kern der Tantra-Lehre besteht aus mehreren grundlegenden Prinzipien:

1. **Integration von Gegensätzen:** Tantra sucht die Vereinigung und das Gleichgewicht von Gegensätzen, wie männlich und weiblich, spirituell und materiell, heilig und profan.
2. **Spiritualität im Alltäglichen:** Tantra lehrt, dass das Spirituelle in allen Aspekten des täglichen Lebens zu finden ist, nicht nur in traditionellen religiösen Praktiken.
3. **Transformation statt Vermeidung:** Anstatt weltliche Begierden oder materielle Anhaftungen zu vermeiden, nutzt Tantra diese für spirituelles Wachstum und Transformation.

4. **Körper als Weg zur Erleuchtung:** Der menschliche Körper wird in der Tantra-Lehre als ein heiliges Instrument angesehen, durch das spirituelle Erleuchtung erreicht werden kann.
5. **Energie und Bewusstsein:** Ein zentrales Element des Tantra ist die Arbeit mit Energie (oft als Kundalini-Energie bezeichnet) und Bewusstsein, um höhere spirituelle Zustände zu erreichen.
6. **Rituale und Praktiken:** Tantra umfasst eine Vielzahl von Ritualen und Praktiken, darunter Meditation, Yoga, Atemübungen und manchmal auch sexuelle Rituale, um das Bewusstsein zu erweitern und spirituelle Erkenntnisse zu erlangen.
7. **Persönliche Erfahrung:** In der Tantra-Philosophie wird großer Wert auf direkte, persönliche Erfahrungen und Selbsterkenntnis gelegt, anstatt sich ausschließlich auf religiöse Schriften oder Autoritäten zu verlassen.

Diese Prinzipien variieren je nach Tradition und kulturellem Kontext und können sowohl im Hinduismus als auch im Buddhismus unterschiedlich interpretiert und praktiziert werden.

Wodurch unterscheidet sich Tantra in Buddhismus und Hinduismus

Hinduistisches Tantra:

1. **Götter und Göttinnen:** Im hinduistischen Tantra liegt ein starker Fokus auf der Verehrung von Gottheiten wie Shiva (Mann) und Shakti (Frau). Diese Gottheiten werden als Verkörperungen kosmischer Prinzipien angesehen.
2. **Körperliche und materielle Welt:** Hinduistisches Tantra betont die Heiligkeit der körperlichen und materiellen Welt.
Es sieht den Körper als ein Mittel zur spirituellen Erleuchtung.
3. **Rituale und Symbolismus:** Es beinhaltet eine Vielzahl von Ritualen, Mantras (gesprochene Formeln) und Yantras (visuelle Symbole), die auf die Vereinigung mit dem Göttlichen abzielen.

4. **Chakra-System:** Die Arbeit mit dem Chakra-System, den Energiezentren im Körper, ist ein wichtiger Aspekt und ein wesentlicher Bestandteil.

Buddhistisches Tantra (Vajrayana):

1. **Buddhistische Philosophie:** Das buddhistische Tantra integriert die grundlegenden Lehren des Buddhismus, wie das Konzept des Leidens, des Nirvana und des Achtfachen Pfads.
2. **Meditation und Visualisierung:** Es legt großen Wert auf Meditationstechniken, einschließlich der Visualisierung von Gottheiten und Mandalas, um das eigene Bewusstsein zu transformieren.
3. **Bodhisattva-Ideal:** Im Vajrayana-Buddhismus ist das Ziel nicht nur die persönliche Erleuchtung, sondern auch das Erreichen des Bodhisattva-Status, um anderen Wesen zu helfen.

   Ein Bodhisattva ist jemand im Buddhismus, der fast erleuchtet ist, also fast alles über das Leben und das Universum versteht. Aber statt diesen Zustand nur für sich zu nutzen, entscheidet sich ein Bodhisattva dafür, anderen Menschen zu helfen, auch Erleuchtung zu erreichen. Statt direkt ins Paradies zu gehen, bleibt der Bodhisattva zurück, um anderen zu helfen. Es ist ein wenig so, als würde jemand die Ziellinie eines Rennens erreichen und sich dann umdrehen, um den anderen zu helfen, auch dorthin zu kommen.

4. **Guru-Schüler-Beziehung:** Eine tiefe und oft ritualisierte Beziehung zum spirituellen Lehrer (Guru) spielt eine Schlüsselrolle.

Gemeinsamkeiten und Unterschiede:

Gemeinsamkeiten: Beide Formen betonen die Integration von Gegensätzen, die Bedeutung direkter Erfahrung und die Nutzung von Ritualen und symbolischen Praktiken.

Unterschiede: Die Hauptunterschiede liegen in den spezifischen Lehrinhalten, den verwendeten Techniken, der Art der verehrten Gottheiten oder Buddhas und dem übergeordneten Ziel der Praxis.

In beiden Traditionen ist Tantra ein Weg zur Transformation des Bewusstseins, wobei die spezifischen Praktiken und Philosophien von den jeweiligen religiösen und kulturellen Kontexten geprägt sind.

Rotes, weißes und schwarzes Tantra

Rotes Tantra:

Fokus: Rotes Tantra konzentriert sich häufig auf sexuelle Rituale und die Nutzung sexueller Energie für spirituelle Zwecke.

Ziel: Das Ziel ist oft die Erweckung und Transformation der Kundalini-Energie sowie die Erreichung eines höheren Bewusstseinszustandes durch die Verbindung von Sexualität und Spiritualität.

Praxis: Es beinhaltet oft Paarübungen und kann intensive emotionale und körperliche Erfahrungen umfassen.
Rotes Tantra berührt sozusagen die Seele durch den Körper. Einer der ersten Schritte ist, dass wir mit unterschiedlichen Berührungsarten beginnen.

Weißes Tantra:

Fokus: Weißes Tantra legt den Schwerpunkt auf Meditation, Reinigungstechniken und mentale Disziplin.

Ziel: Das Hauptziel ist die Reinigung und Harmonisierung des Geistes und des Körpers, um spirituelles Wachstum zu fördern.

Praxis: Es beinhaltet in der Regel Übungen, die allein durchgeführt werden, und fokussiert sich mehr auf spirituelle Aspekte als auf körperliche.

Schwarzes Tantra:

Fokus: Schwarzes Tantra wird manchmal mit Praktiken in Verbindung gebracht, die als manipulativ oder zur persönlichen Bereicherung eingesetzt werden.

Ziel: Die Ziele können die Erlangung von Macht, materiellem Gewinn oder Kontrolle über andere beinhalten.

Anmerkung: Diese Kategorie ist umstritten und wird oft missverstanden. Nicht alle tantrischen Traditionen erkennen das Konzept des "schwarzen Tantra" an.

Wichtige Hinweise:

Kulturelle Kontexte: Diese Einteilungen spiegeln eher westliche Interpretationen des Tantra wider und sind nicht unbedingt Teil der traditionellen tantrischen Lehren in ihren ursprünglichen kulturellen Kontexten.

Vereinfachung: Die Unterteilung in Rot, Weiß und Schwarz ist eine starke Vereinfachung und sollte nicht als umfassende Darstellung der Vielfalt und Komplexität tantrischer Traditionen angesehen werden.

Sprache des Tantra und tantrische Rituale

Tantra verwendet eine spezielle Terminologie, die Begriffe wie **Chakra** (Energiezentren im Körper), **Shiva und Shakti** (Mann als Gott und Frau als Göttin), **Kundalini** (die Lebensenergie) und **Yoni/Lingam** (Bezeichnungen für weibliche und männliche Geschlechtsorgane im spirituellen Kontext) umfasst.

Tantrische Rituale variieren stark, können Meditation, Atmungstechniken, Körperarbeit, Massage und manchmal auch sexuelle Praktiken beinhalten. Diese Rituale zielen darauf ab, das Bewusstsein zu erweitern, Energien zu harmonisieren und eine tiefere Verbindung zu sich selbst und anderen herzustellen.

KAPITEL 4

Praktische Anleitungen für Einsteiger

Einfache Übungen für den Alltag

Tantra schnuppern: Einstiegsmöglichkeiten

Tantra vertiefen: Suche nach einem Lehrer

Tantrische Rituale: Was steckt dahinter?

Einfangen für den Alltag

Viele tantrische Übungen können eigenständig ausgeführt werden, ohne an einem Workshop teilzunehmen. Oft ist nur ein wenig Überwindung erforderlich. Falls du dich allein nicht überwinden kannst, wäre die Teilnahme an einem Tantra-Workshop ratsam. Dort wirst du Schritt für Schritt und mit viel Feingefühl an die Praktiken des Tantra herangeführt. Wenn du neugierig bist, wie ein solches Seminar abläuft und was hinter den Kulissen passiert, empfehle ich dir mein Buch

„Der tantrischer Dreier". Überall verfügbar, wo es Bücher gibt.

Übung 1: Augenkontakt und Lächeln

Beginnen wir mit einem Augenkontakt und einem Lächeln. Wir sind es nicht mehr gewohnt, Menschen während eines Gesprächs oder beim Zuhören in die Augen zu schauen. Dabei sind die Augen die Tore zur Seele und können uns vieles offenbaren. Man kann dort viel herauslesen, wenn man sich auf seine Intuition verlässt und die Logik pausiert. Hier sind ein paar kleine Übungen zum Augenkontakt.

Übung 2: Bahnhof-Gegenströmung

Diese Aufgabe empfehle ich gerne meinen Seminarteilnehmern. Befindest du dich auf einem Bahnhof oder einer belebten Fußgängerstraße, versuche, gegen die Menschenströmung zu laufen. Schau den Menschen, die gerade aus der Bahn gestiegen sind und sich mit der Strömung zum Ausgang bewegen, in die Augen. Achte darauf, wie viele Personen deinen Blickkontakt wirklich erwidern – und zwar nicht nur ein flüchtiges Hinsehen als Reaktion auf ein mögliches Hindernis, sondern ein bewusstes In-die-Augen-Schauen. Vergiss dabei nicht, zu lächeln. Du wirst vermutlich feststellen, dass du nicht einmal alle Finger einer Hand benötigst, um die Anzahl der Gegenblicke zu zählen. Es könnte passieren, dass dich jemand sogar verwirrt fragt: "Kennen wir uns?"

Übung 3: Die Lächeln-sammeln-Übung

Ich habe mit meinem Sohn eine Übung entwickelt, die wir „Lächeln sammeln“ nennen. Wenn wir einkaufen gehen, beginnen wir, im Laden Lächeln zu sammeln. Jedes Lächeln bringt einen Punkt. Mein Sohn sagt manchmal spontan „eins“ in einem Geschäft, und ich weiß dann, dass das Spiel begonnen hat. Es ist nicht nur unterhaltsam, sondern bringt auch den Menschen um uns herum Freude durch ein einfaches Lächeln.

Es mag albern klingen, aber wir sollten unser inneres Kind nie vernachlässigen. Das Leben ist schon ernst genug, also warum es nicht mit unserem Lächeln auflockern?

Manchmal weiten mein Sohn und ich unser Spiel auf den ganzen Tag aus. Er gewinnt dabei oft mehr Lächeln als ich. Bei einem Einkauf sammeln wir typischerweise zwischen 15 und 25 Lächeln. Wenn es uns schwerfällt, jemandem ein Lächeln zu entlocken, erhöhen wir den Einsatz. Erwidert jemand mein Lächeln nicht, sage ich meinem Sohn: „Zwei Punkte, wenn du es schaffst." Wenn es ihm nicht gelingt, erhöhen wir den Einsatz erneut. Wir hatten schon Fälle, bei denen der Einsatz auf 10 Punkte anstieg. Meinem Sohn gelingt es immer wieder, auf kreative Weise ein Lächeln bei den Menschen hervorzurufen.

Diese Übung macht uns zu einer Quelle guter Laune. Statt uns von der Stimmung anderer abhängig zu machen, lernen wir, selbst Anziehungskraft zu entwickeln.

Übung 4: Die Spiegelübung

Die Spiegelübung ist eine Übung zur Überwindung.

Zuerst stellst du dich **nackt** vor einen Spiegel so, dass dein ganzer Körper zu sehen ist, und betrachtest dich. Diese Übung wirkt besonders heilsam, wenn man es schafft, sich ohne Bewertung anzusehen und einfach wahrzunehmen. Sie kann Tränen hervorrufen, insbesondere bei Menschen, deren Körper Leid oder Operationen erfahren haben. Welche Emotionen auch zum Vorschein kommen mögen, lass sie zu.

Eine der wichtigsten Befreiungsmethoden im Tantra ist es, Emotionen jeglicher Art zuzulassen. Es bedarf einer guten Betreuung im Seminar, um den Teilnehmenden zu helfen, die Emotionen nicht nur zuzulassen, sondern diese auch durchzuarbeiten und wieder herauszufinden.

Wenn sich ein kleiner Teil zu lösen beginnt, startet der Befreiungsprozess, bei dem sich die Schichten wie bei einer Zwiebel nach und nach abtragen lassen. Dies geschieht nicht gleich beim ersten Mal; deshalb ist es wichtig, aus der Emotion wieder herauszukommen, um die Reise erneut anzutreten und die nächste Zwiebel-Schicht der negativen Gefühle zu entfernen. Mit jeder Befreiungsschicht von störenden Blockaden kommst du dem tieferen Genuss näher.

Übung 5: Deine sexuellen Wünsche aufschreiben

Mit dieser einfachsten Übung, die praktisch überall ausgeführt werden kann, beginnst du deinen Weg zur Selbstentdeckung und Zielsetzung. Du benötigst dafür lediglich einen Block, ein Blatt Papier oder dein Telefon bzw. Tablet – je nachdem, womit du dich am wohlsten fühlst.

Ich empfehle es allerdings, zu Papier und Stift zu greifen, denn beim Schreiben fließt die Energie ganz anders als beim Tippen. Die Gedanken übertragen sich durch die Hand auf das Papier, und du kannst direkt sehen, ob diese verständlich und sauber geschrieben sind oder ob mehrfach korrigiert und durchgestrichen wurde. So oder so: Das Aufschreiben wird dazu beitragen, dass sich deine Gedanken wie von selbst klären. Wichtig ist, dass du jede Schreibweise zulässt und nicht in Perfektionismus verfällst. Schreib alles so auf, wie du es fühlst, kreuz und quer, gib dich dem Fluss hin, es gibt keine Regeln.

Ich hoffe, du kannst nachvollziehen, weshalb ich dazu rate, aufs Tippen zu verzichten.
Bei einem maschinellen Vorgang nimmst du dich und deine sexuellen Wünsche möglicherweise ganz anders wahr.

Schritt 1: Schreib deine Wunschliste auf

Jetzt, wo du deine bevorzugte Schreibmethode gewählt hast, beginne damit, deine Wünsche und Ziele aufzuschreiben. Dies ist der Ausgangspunkt, um eine tiefere Verbindung zu dem, was du wirklich willst, herzustellen, und den ersten Schritt in Richtung Verwirklichung deiner Träume zu machen.

Schritt 2: Vergleich mit der Vergangenheit, Korrekturen vornehmen.

Nachdem die Liste fertiggestellt ist, beginnst du, über deine bisherigen Erfahrungen nachzudenken. Um ein tieferes Verständnis dafür zu entwickeln, was du wirklich suchst, solltest du folgende Frage beantworten:

Was hast du schon davon erlebt, was auf deiner Liste steht?

Wenn du diese Erfahrungen bereits gemacht hast, warum stehen sie dann immer noch auf deiner Wunschliste? Entsprachen sie vielleicht nicht deinen Vorstellungen und Erwartungen? Was würdest du anders machen oder verbessern? Oder wünscht du dir einfach eine Wiederholung?

Notiere diese Überlegungen und Erlebnisse, korrigiere oder ergänze deine Liste.

Schritt 3: Selbstreflexion – Erkenne dein WARUM

Dieser Schritt hilft dir nicht nur, deine Ziele zu definieren, sondern auch zu verstehen, was dich dazu motiviert. Das Warum hinter deinen Zielen gibt dir Einblicke in deine tieferen

Beweggründe und kann eine starke treibende Kraft sein, um deine Wünsche in die Tat umzusetzen.

Wir bereiten unseren Geist vor, um unseren Körper auszurichten. Wir begeben uns in die Startposition und berechnen den Startschuss. Wir müssen erst überlegen, wann der Startschuss überhaupt gegeben werden kann. Das Warum hinter den Wünschen könnte sich wiederholen, damit verdeutlichst du deine tiefsten Sehnsüchte und Werte, dein WARUM.

Stelle dir die Frage:

Was möchte ich als Nächstes von meiner Liste erleben und warum?

Was lässt sich am einfachsten umsetzen? Warum willst du es? Vielleicht möchtest du neue Bekanntschaften in einem bestimmten Bereich schließen, weil du dich zu einem speziellen Thema hingezogen fühlst? Oder suchst du nach einem Partner, mit dem du deine Werte und Interessen teilen möchtest?

Zum Beispiel: Wünschst du dir einen oder mehrere Partner, weil du so viel geben kannst, dass es für alle reicht, oder weil du die Bestätigung haben möchtest, dass du wertvoll genug bist, oder weil du die Vielfalt möchtest, die dir nur von mehreren Partnern ermöglicht werden kann und du deswegen frei sein willst? Wie du an diesem Beispiel siehst, kann der gleiche Wunsch unterschiedliche Gründe haben. Deswegen erkenne dein WARUM, um zu wissen, wohin du dich begeben sollst. Sei ehrlich zu dir selbst, denn diese Wunschliste wird niemand außer dir zu lesen bekommen. Du lernst, Geständnisse vor dir selbst abzulegen.

Beispiel

Wunsch: Neue Bekanntschaften schließen.

Grund: Nach der Scheidung eine neue Lebensperspektive finden und sich neu ausrichten. Ich möchte neue Möglichkeiten ausloten.

Wunsch: Einen Dreier zu erleben. MMF oder FFM (Mann, Mann, Frau/ Frau, Frau, Mann)

Grund bei MMF bei einer Frau: Bin neugierig, wie es sich anfühlt, von zwei Herren begehrt zu werden.
Grund FFM bei einer Frau: Ich fühle mich auch zu den Frauen hingezogen. Ich möchte weibliche Hände oder Lippen fühlen. Ich stelle mir schon seit Langem vor, eine Frau zu riechen. Ich kann mir keine Beziehung mit einer Frau wegen Konkurrenz vorstellen, dennoch

wünsche ich mir ein Abenteuer mit einer Frau und einem Mann zugleich.

Grund FFM bei einem Mann: Ich habe mir schon immer gewünscht, von zwei Frauen wie ein Pascha bedient zu werden. Es fühlt sich so reich an. Oder: Weil ich in der Lage bin, mit zwei Frauen „fertigzuwerden". Ich habe so viel Libido, dass ich beide glücklich machen kann.

Ein Wunsch, zwei unterschiedliche Gründe. Bei einem steht das Ich im Vordergrund, bei dem anderen „sie und meine Fähigkeiten".

Schritt 4: Persönliche Bedeutung

Frage dich:

Wie wird sich mein Leben verändern, wenn ich dieses Ziel erreiche?

Vielleicht fühlst du dich gesünder und ausgeglichener? Was versprichst du dir von der Erreichung dieser Ziele? Suchst du nach einer tieferen Verbundenheit, Unterstützung oder nach Abenteuern mit Gleichgesinnten?

Schritt 5: Umgang mit Ängsten

Es ist normal, Angst vor Veränderungen zu haben. Überlege dir, welche Sorgen du hast und wie du diese angehen könntest. Bist du wirklich bereit für einen Wandel? Reflektiere ehrlich, ob du momentan die Kraft für neue Herausforderungen hast. Vielleicht ist es doch besser, beim guten alten Ärger zu bleiben und auf den Reifepunkt zu warten. Vielleicht ist es einfacher, sich selbst zu bemitleiden. **Dann tu es!**

Denke darüber nach, wie schlecht du dran bist, und dass niemand dich verstehen will. Dass du dein Leben doch lieber allein verbringen solltest, statt neue Ordnung oder Unordnung in deiner Nähe durch eine neue Person oder ein Erlebnis zuzulassen. Vielleicht ist alles doch nicht so schlimm, wie du am Anfang dachtest.

Wenn dem so ist, dann sind die Wünsche und der Drang nach Veränderungen noch nicht stark genug. Lass dich in diesem Fall von deinen Ängsten umarmen und schließe eine sichere Partnerschaft mit deiner Unzufriedenheit.

Änderungen bedeuten, dass es nie ganz nach deinen Vorstellungen laufen wird; es kommt noch jemand anderes, der auch seine Vorstellungen mitbringt. Bereit für das Chaos?

Dann bist du auch bereit für die Veränderungen.

Bevor ein Friseur dir einen neuen Haarschnitt schneidet, müssen die Haare gewaschen werden. Bevor du Neues erfährst, musst du den Weg durch das Chaos wählen. Wenn du nicht bereit bist, akzeptiere deinen jetzigen Ist-Zustand.

Aber falls du dich dennoch für Bewegung entscheidest, dann begibst du dich auf ein neues Abenteuer, wie in einem Hollywoodfilm, mit Höhen und Tiefen. Bewegung ist Leben, und dazu gehört auch die Achterbahn der Gefühle. Frage dich, wer oder was dich davon abhält, deine Wunschliste umzusetzen. Warum bist du noch nicht auf dem Weg? Bei welcher Veranstaltung solltest du dich für deinen ersten Wunsch anmelden? **Trau dich!** Oder bleib mit deiner Unzufriedenheit und Ängsten verheiratet.

Fazit zur Wunschliste:

Das Festhalten von Wünschen und Zielen für dein Leben ist ein wichtiger Schritt, um deiner Hoffnungen und Träume bewusst zu werden und einen Plan zu entwickeln, der dich motiviert. Nimm dir die Zeit, deine Gedanken zu ordnen und einen Weg zu skizzieren, der dich zu erfüllenden Beziehungen und neuen, aufregenden Freundschaften führt.

Abschluss

Wenn du dieses Buch gelesen hast, hinterfrage deine Beweggründe. Was hat dich zu diesem Titel und wahrscheinlich zu zahlreichen anderen Büchern mit ähnlichen Themen geführt? Wenn du eine Analyse deiner Wünsche und deiner Entwicklungsphasen vorgenommen hast, hast du bereits den halben Weg hinter dir. Denn der größte Mangel in unserer Gesellschaft ist die Ziellosigkeit – „**kein Bock, kein Ziel**" – und die Kurzsichtigkeit: „Ich will nur das Hier und Jetzt erleben und muss mir über die Folgen keine Gedanken machen."

Sobald du dir über diese beiden Dinge bewusst geworden bist, kannst du dir eine grobe Orientierung der Himmelsrichtungen im Tantra anschauen und dich auf den Weg begeben. Unterwegs findest du viele Bücher und Lehren, die dich bereichern können.

Wichtig ist, dass du dein eigenes Ziel nicht aus den Augen verlierst. Mein letzter Tipp: Schreibe deinen Weg auf. Es ist unglaublich interessant, später nachzuschauen, wie weit du gekommen bist. Es geht nicht darum, dich mit anderen zu vergleichen, sondern nur um deine eigene Entwicklung. Es bereitet unglaublich viel Freude, nach ein paar Jahren deine eigenen Tagebücher zu lesen. Und wer weiß, vielleicht wird deine Geschichte eines Tages so spannend, dass du deinen Weg und deine Erfahrungen über ein Buch, YouTube-Video oder einen Podcast teilen möchtest, um andere zu begeistern.

Wie ich am Anfang dieses Buches erwähnt habe, war das Ziel dieses Buches nicht, die Tiefe des Tantra zu ergründen, sondern dir lediglich eine Orientierung zum Thema Tantra zu geben und mit ein paar Übungen deine Neugier für diesen Weg zu wecken sowie dich zum Handeln zu ermutigen.

Wenn du nach dem Lesen den Wunsch verspürst, in diese Richtung zu gehen, dann habe ich mein Ziel erreicht. Solltest du einen inneren Widerstand gegen meine Vorgehensweise und mein Wissen entwickelt haben, weil ich das eine oder andere Thema vielleicht zu knapp erklärt habe, dann habe ich mit deinem Widerstand ebenso mein Ziel erreicht. Denn das könnte dich dazu bewegen, deine eigene Sichtweise zu präsentieren und damit die Vielfalt darzustellen, die hier aus deiner Perspektive vielleicht zu kurz kam.

Ich lade dich ein, deine Sichtweise kundzutun. Kritisiere und verbessere – damit bist du bei mir immer willkommen. Wir können uns damit nur gegenseitig bereichern.

Sexualität und intellektuelle Entwicklung

Sexualität kann nicht ohne intellektuelle Entwicklung entfaltet werden, denn es kommt darauf an, wie du das Leben im philosophischen Sinne siehst und dir vorstellst, wie alles funktioniert und in welcher Welt der möglichen Wünsche du lebst.

Wenn du das Gefühl hast, dass alle Wünsche böse sind, gefolgt von Schuldgefühlen und Selbstaggression, beginnst du, neurotische Zustände zu entwickeln. Sehr oft, wenn du dir eine bestimmte Freude wünschst, ersetzt du diese durch etwas anderes.

Zum Beispiel, wenn du Lust auf ein Date oder intime Nähe hast, aber stattdessen zu viel isst oder arbeitest, um dich von deinem eigentlichen Verlangen abzulenken.

Wenn du eine entwickelte Sexualität hast, kannst du dich, wenn du möchtest, in verschiedenen sexuellen Rollen zeigen – sei es devot oder dominant, heilsam oder heilig. Du bestimmst selbst, ob du dich präsentieren oder einfach präsent sein möchtest. Du bleibst nicht in der ewigen Rolle eines Sex-Stars gefangen. Du kannst die Aufmerksamkeit auf dich ziehen oder gezielt diejenigen anziehen, mit denen du eine tiefergehende Erfahrung machen möchtest. Du hast die Wahl: Entweder prahlen an der Oberfläche oder in die Tiefe eintauchen. Durch das Erlernen tantrischer Kunst kannst du je nach Situation zwischen diesen Möglichkeiten wechseln.

Aber wenn du ein unbewusstes Programm in dir trägst, das dich glauben lässt, du müsstest jederzeit, Tag und Nacht, maximal sexuell sein, wirst du letztendlich feststellen, dass du kein wirkliches Interesse an tiefgreifenden Erfahrungen hast. Denn obwohl die Aufmerksamkeit groß ist, fehlt es an emotionaler Tiefe. Du findest dich in einem Zyklus wieder, in dem du versuchst zu imitieren und unaufhörlich zu demonstrieren, was innerlich nicht vorhanden ist.

Über mich als Autorin

Im Jahr 2012 beendete ich meine eineinhalbjährige Tantralehrer-Ausbildung bei Lucian Loosen und anschließend bei Andro (Diamond Lotus).

Andro brachte in den Siebzigerjahren Tantra nach Deutschland, gründete die erste Tantra-Ausbildungsstätte in Berlin sowie den ersten Tantramassage-Verband. Andro verstarb 2019 und hinterließ ein umfangreiches Werk, das eine bedeutende Tantra-Bewegung in Deutschland zur Folge hatte.

Das mir dort vermittelte Wissen weckte viele neue Fragen in mir. Ich begann, die Macht unserer Sexualität zu erforschen. Während dieser Ausbildung entstanden viele Fragen zu den Auswirkungen unserer Sexualität, die ich durch eigene Forschung und Beobachtung verschiedener Annahmen in der Praxis zu ergründen suchte.

Wie funktioniert unsere Sexualität tatsächlich? Wo könnte ich verschiedene Theorien darüber ausprobieren, wo beobachten?

Noch während meiner Ausbildung im Jahr 2011 begann ich, meine langjährige Praxiserfahrung zu kanalisieren und selbst Seminare über unsere Sexualität zu geben. Die von mir seit 2013 angebotenen Tantra-Seminare sind regelmäßig ausgebucht.

Jedes Seminar folgt einem anderen Themenschwerpunkt. Ich fand Teilnehmende, die bereit waren, in die Tiefe ihrer Sexualität einzutauchen, um selbst die Macht ihrer Sexualität zu erleben. Mit jedem Seminar erweiterte sich jedoch auch mein eigenes Wissen.

Um meine Erkenntnisse zu überprüfen, besuchten mein damaliger Freund und ich verschiedene erotische Veranstaltungen mit bis zu 1.700 Teilnehmerinnen und Teilnehmern. Es war faszinierend zu sehen, wie sich das Tantra-Wissen bei jeder dieser Veranstaltungen bestätigte. Diese Beobachtungen fasste ich als Forschungsprojekt in einer Reihe von Tagebüchern zusammen.

Stück für Stück präsentiere ich den Zuschauern während der Live Streams mein Wissen und meine Erfahrungen, um anderen den Weg der Selbsterkundung interessant zu machen, zu eröffnen und Berührungsängste mit dem Thema „Sexualität" abzubauen.

Menschen vertrauen mir spontan, fühlen sich verstanden und trauen sich, mit mir über ihre tiefsten Bedürfnisse zu sprechen. Ich biete persönliches Coaching an, das ich jedoch keinesfalls als Sexualtherapie bezeichnen möchte. Therapie ist ein Begriff, der eine Krankheit impliziert. Der Wunsch nach einem erfüllten Sexleben ist jedoch grundlegend!

In meinem Coaching kläre ich Missverständnisse auf, die Menschen bezüglich ihrer Sexualität haben. Ich höre zu und zeige Wege, die ermutigen, die eigene Sexualität zu verstehen und frei auszuleben.

Liste wissenschaftlicher Forschungen

Hier sind einige weltweite Forschungsarbeiten, mit denen ich mich auseinandergesetzt habe, um Gemeinsamkeiten auszuloten und die wissenschaftliche Perspektive auf unsere Sexualität mit dem Wissen aus dem Tantra zu vergleichen und nach Gemeinsamkeiten oder neuen Erkenntnissen zu suchen.

Tantra galt früher ebenfalls als eine Form der Wissenschaft, da es unsere Sexualität mit einer der heutigen Wissenschaft ähnlichen Methodik erforschte. Die Wissenschaft arbeitet mit verschiedenen Aspekten, um ihren Nutzen für uns herauszufinden, und verzichtet dabei auf Vorurteile. So verhält es sich auch im Tantra: Die Annahme der eigenen Eigenschaften und Fähigkeiten, kombiniert mit dem Wissen über unsere Emotionen, erschließt die Vielfalt unserer eigenen Möglichkeiten.

Theorien über Emotionale Entwicklungsphasen

Es gibt zahlreiche Forschungen und Theorien, die sich mit den emotionalen Entwicklungsphasen des Menschen beschäftigen. Diese Theorien untersuchen, wie sich Emotionen von der Kindheit bis ins Erwachsenenalter entwickeln und wie diese Entwicklung die Persönlichkeit, die Beziehungen und das allgemeine Wohlbefinden einer Person beeinflusst. Hier sind einige Schlüsseltheorien und Forschungsansätze zu emotionalen Entwicklungsphasen.

1. Die Theorie der emotionalen Intelligenz von Daniel Goleman

Goleman argumentiert, dass emotionale Intelligenz – die Fähigkeit, die eigenen Gefühle und die Gefühle anderer zu erkennen, zu verstehen und zu managen – eine Schlüsselkomponente in der Persönlichkeitsentwicklung ist. Seine Forschung unterstreicht, wie emotionale Intelligenz im Laufe des Lebens entwickelt und verbessert werden kann, und wie sie entscheidend für persönlichen Erfolg und zwischenmenschliche Beziehungen ist.

2. John Bowlbys Bindungstheorie

Bowlbys Theorie fokussiert sich auf die Bedeutung der Bindung in den frühen Lebensjahren und deren Auswirkungen auf die emotionale Entwicklung. Er postulierte, dass eine sichere Bindung zwischen Kind und Pflegeperson entscheidend für die gesunde emotionale Entwicklung ist, und dass Probleme in dieser Bindung zu emotionalen und sozialen Schwierigkeiten im späteren Leben führen können.

3. Erik Eriksons Theorie der psychosozialen Entwicklung

Obwohl Eriksons Theorie breit gefächert ist und viele Aspekte der Persönlichkeitsentwicklung abdeckt, betrachtet sie auch die emotionale Entwicklung durch das Konzept der Krisenbewältigung in verschiedenen Lebensphasen. Jedes Stadium beinhaltet eine psychosoziale Krise, deren Ausgang die emotionale Entwicklung beeinflusst.

4. Die Theorie der sozialen Lerntheorie von Albert Bandura

Bandura betonte die Rolle der Umwelt und des sozialen Lernens in der emotionalen

Entwicklung. Er argumentierte, dass Menschen emotionales Verhalten durch die Beobachtung und Nachahmung von Modellen in ihrer Umgebung lernen, einschließlich der Art und Weise, wie diese Modelle mit ihren eigenen Emotionen umgehen.

5. Die Theorie der emotionalen Entwicklung von Paul Ekman

Ekman erforschte die Universalität von Emotionen und deren Ausdruck und unterschied zwischen grundlegenden Emotionen, die über Kulturen hinweg ähnlich sind. Seine Arbeit trägt zum Verständnis bei, wie Emotionen wahrgenommen, ausgedrückt und im Laufe des Lebens entwickelt werden.

Diese Theorien und Forschungsansätze liefern wichtige Einblicke in die emotionale Entwicklung des Menschen. Sie verdeutlichen, dass emotionale Entwicklung ein komplexer Prozess ist, der von einer Vielzahl von Faktoren beeinflusst wird, einschließlich frühkindlicher Erfahrungen, Bindung, sozialen Lernens, emotionaler Intelligenz und kulturellen Kontextes.

Große Forschungsprojekte über unsere Sexualität

Die Erforschung der menschlichen Sexualität ist ein umfassendes Feld, das über die Jahre bedeutende Studien und Erkenntnisse hervorgebracht hat. Hier sind einige der einflussreichsten Forschungsarbeiten und ihre kurzen Beschreibungen:

1. Kinsey-Reports (1948 & 1953)

Forscher: Alfred Kinsey

Beschreibung: Diese Studien revolutionierten das Verständnis der menschlichen Sexualität in den USA und weltweit. Der erste Report, „Das sexuelle Verhalten des Mannes" (1948), und der zweite, „Das sexuelle Verhalten der Frau" (1953), lieferten detaillierte Einblicke in sexuelle Praktiken, Orientierungen und Verhaltensweisen.

2. Masters und Johnson (1966)

Forscher: William Masters und Virginia Johnson

Beschreibung: Mit ihrem Buch „Human Sexual Response" präsentierten Masters und Johnson ihre bahnbrechenden Forschungen zur menschlichen sexuellen Reaktion, inklusive der physiologischen Prozesse während des Geschlechtsverkehrs. Ihre Arbeit lieferte grundlegende Einsichten in die Mechanismen von sexueller Erregung und Orgasmus.

3. Der Hite-Report (1976)

Forscherin: Shere Hite

Beschreibung: Shere Hites umfassende Befragung von Frauen führte zu einem besseren Verständnis der weiblichen Sexualität und beleuchtete vor allem die Bedeutung der klitoralen Stimulation für den weiblichen Orgasmus. Der Hite-Report gilt als Meilenstein in der feministischen Sex-Forschung.

4. Nationale Gesundheits- und Soziallebensstudie (NHSLS) (1994)

Leitung: Edward Laumann

Beschreibung: Diese umfangreiche Studie über die sexuellen Praktiken und die Einstellungen von Erwachsenen in den USA dazu lieferte wichtige Daten zu Themen wie sexuelle Orientierung, Praktiken und Gesundheit.

5. Die Globale Studie zur sexuellen Zufriedenheit (2005)

Leitung: Internationale Akademie für Sexualforschung

Beschreibung: Diese Studie untersuchte, wie verschiedene Faktoren wie kulturelle Einstellungen, persönliche Zufriedenheit und Kommunikation in Beziehungen die sexuelle Zufriedenheit beeinflussen.

Diese Liste stellt nur einen kleinen Ausschnitt der Forschungsarbeiten im Bereich der Sexualität dar. Jede dieser Studien hat auf ihre Weise dazu beigetragen, das Verständnis der menschlichen Sexualität zu erweitern und Vorurteile sowie Tabus zu hinterfragen.

Noch paar Worte zu Sigmund Freuds Theorie

Sigmund Freud ist zweifellos eine zentrale Figur in der Erforschung der menschlichen Psyche und Sexualität, und seine Theorien haben das Verständnis der Sexualität maßgeblich geprägt. Der Grund, warum er in der oben genannten Liste nicht explizit aufgeführt ist, liegt darin, dass die Liste sich auf spezifische empirische Forschungsarbeiten und Studien konzentriert, die auf direkten Befragungen, Beobachtungen oder physiologischen Messungen basieren.

Freuds Beiträge, trotz dass sie fundamental und bahnbrechend waren, waren hauptsächlich theoretischer Natur und basierten auf der psychoanalytischen Methode, Fallstudien und seiner klinischen Arbeit mit Patienten. Seine Konzepte wie der Ödipuskomplex, die psychosexuellen Entwicklungsphasen und die Theorie des Unbewussten haben zwar tiefgreifenden Einfluss auf das Verständnis der menschlichen Sexualität, sind aber nicht das Ergebnis quantitativer Forschungsmethoden im Sinne der oben genannten Studien. Freud legte den Grundstein für viele spätere Forschungen in der Psychologie und Sexualwissenschaft und inspirierte Generationen von Forschern, die Sexualität weiter zu erforschen.

Ödipuskomplex:

Der Ödipuskomplex ist ein zentrales Konzept in der psychoanalytischen Theorie Sigmund Freuds, das die emotionale und unbewusste Dynamik in der phallischen Phase der psychosexuellen Entwicklung eines Kindes beschreibt. Freud postulierte, dass während dieser Phase (ungefähr im Alter von 3 bis 6 Jahren) Jungen eine intensive emotionale Bindung zur Mutter entwickeln und den Vater als Rivalen um die affektive Zuwendung der Mutter sehen. Dies geht einher mit dem Wunsch, den Vater zu ersetzen und die Mutter als Liebesobjekt zu besitzen. Freud argumentierte, dass eine erfolgreiche Auflösung dieses Konflikts für die gesunde psychische Entwicklung des Kindes entscheidend ist. Bei Mädchen beschrieb Freud den analogen Elektrakomplex, obwohl dieser Begriff von ihm selbst nicht verwendet und später von Carl Gustav Jung geprägt wurde.

Details zur Sigmund Freuds psychosexuellen Entwicklungsphasen:

Freud identifizierte fünf Phasen der psychosexuellen Entwicklung, die er als entscheidend für die Persönlichkeitsentwicklung ansah. Jede Phase ist durch den erogenen Schwerpunkt charakterisiert, der die Quelle des Lustempfindens darstellt.

Orale Phase (0-1 Jahre): In dieser Phase ist der Mund der primäre erogene Bereich, und die Lust wird durch Saugen und Beißen erlangt.

Anale Phase (1-3 Jahre): Das Kind empfindet Lust durch die Kontrolle über die Ausscheidungsfunktionen, was zu Konflikten um Sauberkeitstraining und Autorität führen kann.

Phallische Phase (3-6 Jahre): Das Kind entdeckt seine Genitalien, was zum Oedipus- bzw. Elektra-Komplex führt.

Latenzphase (6-Pubertät): Die sexuellen Impulse werden unterdrückt oder in andere Aktivitäten umgeleitet, während das Kind soziale und intellektuelle Fähigkeiten entwickelt.

Genitale Phase (Pubertät bis Erwachsenenalter): Die Wiederaufnahme der sexuellen Impulse führt zur Entwicklung reifer sexueller Beziehungen.

Freud glaubte, dass Störungen oder Konflikte in diesen Phasen zu psychischen Problemen im Erwachsenenalter führen können.

Mein Wunsch

Ich würde sehr gerne eine repräsentative Forschung zu meinen eigenen Theorien starten, die sich zur Zeit auf meine Beobachtungen und das erworbene tantrische Wissen stützen. Wenn ich ein weiteres Leben hätte, würde ich mit einem Forschungsteam zusammenarbeiten, das sich auf das praktisch basierte tantrische Wissen spezialisiert und die unglaublichen Veränderungen bei Menschen nach dem Besuch tantrischer Seminare erforscht.

Die meisten Teilnehmer haben mir berichtet, dass sich ihr Leben in zwei Phasen aufteilt: vor dem Tantra-Seminar und nach dem Tantra-Seminar. Mich interessiert, ob dies generell der Fall ist und was in unserer Psyche geschieht, um diese Bereitschaft für Veränderungen und die vielen Wunder, die danach entstehen, zu ermöglichen.

Genau dort, wo Psychologen jahrelang mit ihren Patienten arbeiten, um deren Psyche zu analysieren, könnte Tantra praktische Heilansätze bieten. Es zeigt, wie die weibliche und die männliche Sexualität sich gegenseitig in einer Symbiose bereichern können, was uns ermöglicht, grundlegende Fragen zu beantworten, warum es funktioniert.

Deine Meinung formt das Buch.

Dein Feedback ist der Schlüssel!
Als jemand, der Neugier für der Tantra-Welt verspürt und als absoluter Anfänger, was noch würdest du gerne in einem Einführungsbuch darüber erfahren?

Dieses Buch ist als Wegweiser gedacht, eine Art Landkarte des Tantra, die dir hilft zu erkunden, wohin deine Reise gehen könnte und welche aufregenden Stationen auf dem Weg liegen.

Wenn dir mein Stil gefällt und du dich bereichert fühlst, aber tiefer in ein bestimmtes Thema eintauchen möchtest, lass es mich wissen. Bei genügend Interesse an einem speziellen Thema werde ich ein vertiefendes Buch verfassen.

Sag mir auch, was dich besonders angesprochen hat, sei es eine persönliche Geschichte, ein Beispiel, eine Metapher oder etwas Anderes, damit ich mehr davon in mein nächstes Buch einfließen lassen kann.

Auch ein Titelvorschlag wäre willkommen. Wir entwickeln uns gemeinsam weiter, und ich bin dir schon jetzt für deine Beteiligung dankbar. Wir beeinflussen gemeinsam die Welt und du motivierst mich mit deiner Neugier und deinem Interesse zum Weitermachen.

Die Welt braucht unseren gegenseitigen Austausch.

Ohne Interesse kein Wissen.

Lass uns gemeinsam die Welt gestalten.

Schick mir eine E-Mail an inanna.ling@gmail.com oder an mail@inanna-ling.de

Meine weitere Werke

Buchreihe „Sexuelle Freiheit“

1. Band „Der Flotte Dreier“

2. Band „Der Tantrische Dreier
Hinter den Kulissen eines Tantraseminars“

Buchreihe „Die Macht der Sexualität“

1. Band „Die Macht der Sexualität
   Die Vergessene Kunst der Muse“